압력 요리에 대한 논

압력솥을 위한 100 가지 건강하고 맛있는 요리법

정민 배

부인 성명

이 **eBook** 에 포함된 정보는 이 **eBook** 의 저자가 조사한 포괄적인 전략 모음으로 사용하기 위한 것입니다. 요약, 전략, 팁 및 요령은 저자만 권장하며 이 **eBook** 을 읽는다고 해서 저자의 결과가 정확히 반영된다는 보장은 없습니다. **eBook** 의 저자는 **eBook** 독자에게 최신의 정확한 정보를 제공하기 위해 모든 합당한 노력을 기울였습니다. 저자와 그 동료는 발견될 수 있는 의도하지 않은 오류나 누락에 대해 책임을 지지 않습니다. **eBook** 의 자료에는 제 **3** 자의 정보가 포함될 수 있습니다. 제 **3** 자 자료는 해당 소유자가 표현한 의견으로 구성됩니다. 따라서 **eBook** 의 저자는 제 **3** 자의 자료나 의견에 대해 책임을 지지 않습니다.

목차

소개

압력솥은 음식을 빠르게 조리하기 위해 증기열을 발생시키는 밀봉된 냄비입니다.
압력솥은 1679 년 발명가인 프랑스 태생의 물리학자 드니 파팽 의 이름을 딴 파팽 소화기로 처음 등장했습니다. 밥솥은 물을 가열하여 냄비 내부의 온도를 266°F(130°C)까지 올리는 매우 뜨거운 증기를 생성하며, 이는 일반 냄비에서 가능한 최대 열보다 훨씬 높습니다. 압력솥의 높은 온도는 음식에 빠르게 침투하여 비타민과 미네랄 함량을 감소시키지 않고 조리 시간을 단축합니다.
압력솥은 높은 고도에서 특히 유용하며 대기압 감소로 인한 저온 비등 문제를 완화합니다.

아침

1. 치즈 브로콜리 프리타타

재료

올리브 또는 식물성 기름 1 테이블스푼(15ml) 잘게 썬 양파 1/4 컵(40g)
씨를 빼고 잘게 썬 포블라노 고추 2 개
씨를 빼고 잘게 다진 붉은 피망 1 개
잘게 다진 신선한 고수 잎 1 테이블스푼(1g)과 장식용으로 더 추가
간 커민 1/2 작은술
큰 달걀 6 개
하프 앤 하프 1 컵(235ml)
코셔 소금 또는 고운 바다 소금 1/2 티스푼
갓 간 후추 1/4 작은술
잘게 썬 콜비 또는 체다 치즈 1 컵(120g)
요리 냄비
물 355ml(11/2 컵)

지도

7 x 3 인치(18 x 6cm) 원형 베이킹 팬에 들러붙지 않는 야채 요리용 스프레이를 뿌립니다(밀가루가 들어간 종류는 사용하지 마십시오). 팬을 덮을 수 있을 만큼 큰 호일 조각을 떼어내고 한쪽 면에 쿠킹 스프레이를 뿌립니다.

전기 압력솥에서 Sauté 를 누릅니다. 내솥에 기름을 넣습니다. 반짝거리고 뜨거울 때 양파와 고추를 넣습니다. 부드러워질 때까지 약 5 분 동안 기름으로 코팅되도록 자주 저어주면서 요리합니다. 실란트로와 커민을 저어주세요. 취소를 누릅니다. 야채를 그릇에 옮깁니다.

내솥을 깨끗이 닦은 후 다시 압력솥에 넣고 바닥에 삼발이를 깔고 물을 붓습니다.

그릇에 계란, 반반씩, 소금, 후추를 함께 휘젓습니다. 익힌 양파와 피망, 치즈 3/4 컵(90g)을 넣고 저어줍니다. 준비된 베이킹 팬에 붓습니다. 나머지 1/4 컵(30g)의 치즈를 위에 뿌립니다. 뿌린 면이 아래로 향하도록 포일로 상단을 덮고 팬 가장자리에 압착합니다. 슬링을 사용하여 내솥으로 내립니다.

뚜껑을 닫고 잠그고 증기 배출 손잡이가 밀봉 위치에 있는지 확인합니다. 20 분간 고압으로 조리합니다. 완료되면 10 분 동안 자연적으로 압력을 해제한 다음 스팀 해제 핸들을 벤팅으로 돌려 남아 있는 스팀을 배출합니다. 뚜껑의 잠금을 해제하고 조심스럽게 엽니다.

슬링을 사용하여 냄비에서 팬을 들어 올리십시오. 와이어 냉각 랙에 놓고 호일을 조심스럽게 제거하십시오. 종이 타월을 사용하여 프리타타 위에 남아 있는 물기를 두드려 제거합니다. 원하는 경우 팬을 브로일러 아래에 놓아 상단에 색상을 추가할 수 있습니다.
쐐기로 자르고 주걱을 사용하여 조각을 서빙 접시로 옮기고 원하는 경우 다진 고수를 추가로 뿌립니다. 뜨겁게 서빙하십시오.

2. 고구마와 계란 캐리비안 브렉퍼스트 부리또

재료

감자를 위해

물 또는 야채 육수 1 컵(235ml)

껍질을 벗기고 작은 입방체로 자른 고구마 227g(1/2 파운드)

코셔 또는 고급 천일염과 갓 간 후추

채우기를 위해

올리브유 또는 식물성 기름 2 테이블스푼(30ml)

잘게 썬 양파 1/2 개

씨를 빼고 잘게 썬 빨간 피망 1/2 개

치폴레 가루 1 티스푼

헹구고 물기를 뺀 검은콩 통조림 240g(1 컵)

큰 달걀 6 개

조립용

큰 토르티야 4 개

토마틸로, 살사 베르데, 살사 로자 또는 피코 데 갈로와 같은 살사 1/2 컵(120g)

잘게 썬 몬테레이 잭, 페퍼 잭 또는 콜비 치즈 1 컵(120g)

갓 짜낸 라임 주스 다진 신선한 고수 잎

지도

감자들

전기압력밥솥 내솥 바닥에 물을 붓습니다. 냄비에 찜 바구니를 넣고 바구니에 감자를 쌓습니다. 뚜껑을 닫고 잠그고 증기 배출 손잡이가 밀봉 위치에 있는지 확인합니다. 2 분간 고압으로 조리합니다. 2 분간 자연스럽게 압력을 뺀 후, 스팀 배출 손잡이를 벤팅 방향으로 돌려 남은 압력을 빠르게 배출합니다. 취소를 누릅니다. 뚜껑의 잠금을 해제하고 조심스럽게 엽니다. 냄비에서 감자를 꺼내 소금과 후추로 간을 한 다음 따로 보관하고 따뜻하게 보관합니다. 감자는 하루 전에 미리 익힌 다음 다시 데워 계란을 요리하고 부리토를 조립할 수 있습니다.

충전재

감자가 익는 동안 10 인치(25cm) 프라이팬에서 기름 1 테이블스푼(15ml)을 가열하고 양파와 고추를 5 분 동안 익혀 약간 부드러워지게 합니다. 프라이팬에 치폴레 가루와 콩을 넣고 가열합니다. 슬롯 형 스푼을 사용하여 야채를 그릇에 옮기고 따뜻하게 유지하십시오.

남은 오일 **1** 테이블스푼**(15ml)**을 프라이팬에 넣습니다. 그릇에 계란을 넣고 섞일 때까지 푼 다음 프라이팬에 붓고 스크램블이 될 때까지 계속 저어가며 요리합니다. 열에서 팬을 제거하십시오. 주걱을 사용하여 계란을 작은 조각으로 자릅니다. 계란에 콩과 야채를 저어 따뜻하게 유지하십시오.

집회

토르티야를 살짝 데우고 감자의 **1/4** 과 계란의 **1/4** 을 층층이 쌓습니다. 탑

살사 소스 **2** 큰술**(30g)**과

갈은 치즈 **1/4** 컵**(30g).**

약간의 라임 주스와 약간의 실란트로를 뿌리고 조심스럽게 돌돌 말아 따뜻할 때 서빙합니다. 연약하고 찢어지기 쉬운 경우 포크로 먹습니다.

수율: **4** 인분

3. 소시지와 할라피뇨 치즈 그릿

재료

올리브유 또는 식물성 기름 3 테이블스푼(45ml)
순한 홈메이드 소시지 227g(1/2 파운드)
잘게 썬 양파 1/4 컵(40g)
잘게 다진 할라피뇨 고추 1/2 개 또는 기호에 따라 추가
1 컵(140g) 스톤 그라운드 그릿(인스턴트 그릿 아님)
시원한 물 705ml(3 컵)
하프앤하프 또는 헤비 크림 11/2 컵(355ml)
코셔 소금 또는 고운 바다 소금 2 티스푼(12g)
잘게 썬 체다 치즈 120g(1 컵)

지도

Sauté 를 누르고 전기 압력솥 내솥에 기름 1 테이블스푼(15ml)을 가열합니다. 뜨거울 때 소시지를 넣고 완전히 갈색이 될 때까지 자주 저어가며 요리합니다. 형성되는 모든 덩어리를 부수어 조각을 작고 먹기 쉽게 유지하십시오. 양파와 할라피뇨를 넣고 잘 섞이도록 저어줍니다. 야채를 부드럽게 하기 위해 약 3 분 동안 조리합니다. 그릇에 옮기고 따로 보관하십시오.

남은 오일 2 테이블스푼(30ml)과 그릿츠를 내솥에 넣고 자주 저어주면서 오일이 흡수되고 그릿츠가 살짝 구워질 때까지 1 분 동안 조리합니다. 물, 반반씩, 소금을 넣고 저어줍니다. 취소를 누릅니다.

뚜껑을 닫고 잠그고 증기 배출 손잡이가 밀봉 위치에 있는지 확인합니다. 10 분간 고압으로 조리합니다. 완료되면 10 분 동안 자연적으로 압력을 해제한 다음 스팀 해제 핸들을 벤팅으로 돌려 남아 있는 스팀을 배출합니다. 뚜껑의 잠금을 해제하고 조심스럽게 엽니다. 부드러워 질 때까지 그릿을 휘젓습니다. 너무 걸쭉하고 무거우면 크림 같은 질감을 얻기 위해 필요에 따라 우유를 1 테이블스푼(15ml) 이상 추가합니다. 소시지 혼합물을 밀가루에 저어줍니다. 치즈 반을 넣고 녹을 때까지 저어줍니다. 서빙 그릇에 떠서 남은 치즈를 얹습니다. 즉시 봉사하십시오.

수율: 4 인분

애피타이저

4. 시금치 아티초크 딥

재료

1(10 온스 또는 280g) 패키지 냉동 시금치, 해동, 다진 후 물기를 잘 뺀 것
1(14 온스 또는 392g) 심장을 아티초크하고 물기를 빼고 굵게 다진 것
다진 마늘 4 쪽
잘게 썬 양파 1/2 컵(80g)
1(8 온스 또는 227g) 블록 크림 치즈, 실온에서 부드럽게 하고 입방체로 자릅니다.
파마산 치즈 간 것 1 컵(100g)
잘게 썬 모짜렐라 치즈 1 컵(120g)
사워 크림 또는 플레인 그릭 요거트 1/2 컵(120g)
소금 1/2 작은술
갓 간 후추 3/4 작은술 카이엔 고추 1/8 작은술
서빙용 워터 크래커 2 컵(470ml)

지도

큰 그릇이나 스탠드 믹서의 그릇에 시금치, 아티초크, 마늘, 양파, 크림 치즈, 파마산 치즈, 모짜렐라 치즈, 사워 크림, 조미료를 넣습니다. 완전히 섞일 때까지 잘 섞는다.

압력솥에 맞는 11/2 쿼트(4L) 베이킹 접시나 7 x 3 인치(18 x 6cm) 케이크 팬에 혼합물을 떠서 넣습니다. 호일로 베이킹 접시를 단단히 덮으십시오.
압력솥 내솥 바닥에 삼발이를 놓고 물을 붓습니다.
호일 슬링을 사용하여 캐서롤 접시를 압력솥에 조심스럽게 내립니다. 뚜껑을 닫는 데 방해가 되지 않도록 호일 조각을 아래로 접습니다.
뚜껑을 닫고 잠그고 증기 방출 손잡이가 밀봉 위치에 있는지 확인합니다. 10 분간 고압으로 조리합니다. 조리 시간이 끝나면 릴리스 손잡이를 열고 모든 증기를 배출하여 퀵 릴리스를 사용하십시오. 플로트 핀이 떨어지면 뚜껑의 잠금을 해제하고 조심스럽게 엽니다.
슬링으로 호일로 덮인 접시를 제거하고 딥을 확인하여 치즈가 완전히 녹았는지 확인하십시오. 섞어서 섞는다. 바삭한 윗면을 좋아한다면 치즈가 황금빛 갈색이 될 때까지 캐서롤 접시를 브로일러 아래로 2 분 동안 밀어 넣으세요. 타지 않도록 잘 살펴보세요.
크래커와 함께 따뜻하게 드십시오.

수율: 10 인분

5. 체리 치폴레 치킨 윙

재료

버터 56g(1/4 컵)

케첩이 아닌 체리 치폴레 소스(또는 선호하는 BBQ/핫 윙 소스) 1 컵(240g)

식물성 기름 1 테이블스푼(15ml)

닭날개 3~4 파운드(1362~1816g)

맛에 소금과 후추

당근 및 셀러리 스틱을 서빙할 때 사용할 치킨 스톡 랜치 드레싱 1 컵(235ml)

지도

작은 냄비에 버터를 약한 불로 녹인 다음 치폴레 소스를 넣습니다. 약불에서 계속 저어가며 섞어줍니다. 6~8 분 동안 또는 소스가 걸쭉해질 때까지 부드럽게 끓입니다. 따로.

전기 압력솥에서 Sauté 를 누릅니다. 내솥이 뜨거워지면 기름을 넣습니다. 냄비에 닭날개를 넣고 소금과 후추로 간을 합니다. 각 면을 5 분 동안 갈색으로 바꿉니다. 서빙 접시에 담습니다.

내솥에 치킨 스톡을 붓습니다. 나무 숟가락을 사용하여 팬 바닥에서 갈색 조각을 부드럽게 긁어냅니다.

육수 위에 요리 냄비 바닥에 삼발이를 놓습니다. 날개가 국물에 닿지 않도록 조심하면서 갈색 날개를 삼발이 위에 놓습니다.

뚜껑을 닫고 잠그고 증기 방출 손잡이가 밀봉 위치에 있는지 확인합니다. 5 분간 고압으로 조리합니다. 조리 시간이 끝나면 5 분 동안 자연 방출하도록 한 다음 빠른 방출을 수행하여 남아 있는 증기를 배출하십시오. 플로트 핀이 떨어지면 뚜껑의 잠금을 해제하고 조심스럽게 엽니다.

베이킹 시트에 알루미늄 호일을 깔아주세요. 압력솥에서 닭날개를 꺼내 유산지를 깐 과자 굽는 판에 놓으세요. 베이킹 시트에 맞는 랙이 있으면 더 좋습니다! 선반에 올려놓은 날개 주변의 공기 순환으로 인해 날개가 더욱 바삭해집니다. 랙이 없으면 호일을 깐 과자 굽는 판에 날개를 올려 놓으십시오. 그들은 여전히 상상해질 것입니다.

따뜻한 소스로 날개를 아낌없이 닦고 굽습니다.

편당 7 분. 바삭하지 않으면 앞뒤로 2~3 분씩 더 굽는다.

오븐에서 꺼내 원하는 경우 남은 소스에 날개를 재빨리 던집니다. 당근과 셀러리 스틱과 함께 랜치 드레싱을 곁들여 드세요.

수율: 6 인분

6. 유쾌하게 맛있는 매운 계란

재료

완숙 계란

찬물 1 컵(235ml)

냉장고에서 바로 꺼낸 큰 계란 12 개 얼음이 담긴 큰 물 그릇

악마의 달걀을 위하여

삶은 달걀 12 개

마요네즈 160g(2/3 컵)

마른 겨자 가루 1 테이블스푼(6g)

핫 소스 2 티스푼(10ml) 맛을 내기 위한 소금과 후추 장식용 훈제 파프리카

쪽파는 어슷썰고 초록부분만 장식용으로

지도

완숙 계란

내솥에 찬물을 붓습니다. 압력솥의 내솥에 스팀 랙이나 삼발이를 놓습니다. 삼발이에 계란을 놓습니다.

뚜껑을 닫고 잠그고 증기 방출 손잡이가 밀봉 위치에 있는지 확인합니다. 6 분 동안 고압으로 요리합니다(노른자가 얼마나 부드럽거나 단단한지에 따라 다름). 6 분간 자연스럽게 압력을 뺀 후 뚜껑을 열고 조심히 열어주세요. 기계를 끕니다.

계란을 제거하고 즉시 얼음물 그릇에 넣어 요리를 중지하십시오. 6~10 분 동안 그대로 두십시오. 즉시 서빙하려면 흐르는 물에 계란 껍질을 벗기십시오. 껍질을 벗기지 않은 계란은 냉장고에 최대 1 주일 동안 보관하십시오.

데빌드 에그

삶은 달걀은 껍질을 벗기고 반으로 자른다. 노른자를 제거하고 따로 보관하십시오.

푸드 프로세서의 그릇에 단단한 달걀 노른자를 황사처럼 보일 때까지 펄싱합니다.

마요네즈, 겨자, 매운 소스를 추가합니다. 혼합물이 부드럽고 크림처럼 될 때까지 혼합합니다. 푸드 프로세서가 없으면 중간 크기의 그릇에 재료를 넣고 핸드 믹서를 사용하여 원하는 농도를 만듭니다. 맛에 소금과 후추를 추가합니다.

노른자 혼합물로 달걀 흰자의 빈 공간을 채웁니다. 훈제 파프리카와 파를 뿌려 장식합니다.

분량: 약 24 인분

7. 수수를 곁들인 소고기 보리 수프

재료

올리브 오일 또는 식물성 오일 2 테이블스푼(30ml)

680g(11/2 파운드) 쇠고기 등심 구이, 지방을 다듬고 1 인치(5cm) 입방체로 자른 고기

다진 큰 양파 1 개

다진 마늘 2 쪽

손질하고 다진 당근 2 개

셀러리 2 줄기, 손질 및 다진 것

토마토 페이스트 1 테이블스푼(15g)

다진 신선한 로즈마리 잎 1 티스푼

신선한 백리향 잎 1 작은술

쇠고기 육수 또는 시판 육수 61/2 컵(1528ml)

헹구고 물기를 뺀 통곡물 수수 1 컵(200g)

월계수 잎 2 장

취향에 따라 코셔 소금 또는 고운 바다 소금과 간 후추

지도

소테를 누르고 전기 압력솥 내솥에 기름을 붓습니다. 쇠고기의 모든 면을 노릇노릇하게 구워서 요리할 때 조각 사이에 공간을 남겨두세요. 갈색 쇠고기를 접시에 옮기십시오. 따로.

냄비에 기름을 두르고 양파와 마늘을 넣습니다. 양파가 부드러워지기 시작할 때까지 약 3 분 동안 자주 저어가며 요리합니다. 당근, 셀러리, 토마토 페이스트, 로즈마리, 타임을 저어주세요. 규칙적으로 저어주면서 3 분 더 끓입니다. 육수를 붓고 팬 바닥을 긁어 갈색으로 변한 부분을 빼냅니다. 수수와 월계수 잎을 추가합니다. 쇠고기를 냄비에 다시 넣습니다. 취소를 누릅니다.

뚜껑을 닫고 잠그고 증기 배출 손잡이가 밀봉 위치에 있는지 확인합니다. 40 분 동안 고압으로 조리합니다. 완료되면 10 분 동안 자연적으로 압력을 해제한 다음 스팀 해제 핸들을 벤팅으로 돌려 남은 스팀을 배출합니다. 뚜껑의 잠금을 해제하고 조심스럽게 엽니다.

육수를 맛보고 기호에 따라 소금과 후추로 간을 맞춥니다. 베이 잎을 제거하고 버립니다. 그릇에 국자를 담아 서빙합니다.

분량 : 약 4 인분

8. 매운 마늘 아이올리를 곁들인 찐 아티초크

재료

중간 크기의 아티초크 3 개

플레인 그릭 요거트 45g(3 큰술)

4 등분한 전체 레몬 1 개

마요네즈 2 큰술(30g)

물 1 컵(235ml)

다진 마늘 4 쪽

레몬즙 1/4 컵(60ml)

카이엔 고추 1/2 작은술

다진 마늘 3 쪽

마늘 가루 1/4 작은술

굵게 간 후추 1/2 작은술

소금 한 꼬집

버터, 약간의 딜, 간 파마산 치즈 약간.

지도

아티초크

톱니 모양의 칼을 사용하여 각 아티초크의 상단 1/3 을 잘라냅니다. 밑동에서 줄기를 잘라냅니다. 아티초크를 잘 헹굽니다. 아티초크가 갈변하는 것을 방지하기 위해 잘라낸 아티초크 윗면 전체에 레몬 쿼터 중 하나를 문지릅니다.

냄비에 레몬 쿼터, 물, 레몬즙, 마늘을 넣습니다. 압력솥의 내솥에 스팀 랙이나 삼발이를 놓습니다. 삼발이에 아티초크를 놓습니다.

뚜껑을 닫고 잠그고 증기 방출 손잡이가 밀봉 위치에 있는지 확인합니다. 10 분간 고압으로 조리합니다. 요리 시간이 끝나면 퀵 릴리스 지침을 사용하십시오. 배출 손잡이를 배출 위치로 이동하고 모든 증기를 배출하십시오. 증기가 모두 배출되고 플로트 핀이 떨어지면 뚜껑을 열고 조심스럽게 엽니다.

다 익었는지 테스트하기 위해 아티초크 잎을 떼어냅니다. 아무 저항 없이 떨어져 나와야 합니다. 집게로 압력솥 내솥에서 아티초크를 조심스럽게 들어 올리세요. 아이올리를 만드는 동안 식히십시오.

아이올리

중간 그릇에 아이올리 재료를 모두 넣고 부드러워질 때까지 휘젓습니다.

아이올리와 함께 접시에 아티초크를 제공합니다.

수율: 6 인분

9. 포르치니 버섯 파테 스프레드

4-6 인분

재료

헹군 마른 포르치니 버섯 175mL(¾ 컵)

끓는 물 1 컵(250mL)

무염 버터 1 큰술(15mL)

올리브 오일 1 큰술(15mL)

얇게 썬 샬롯 1 개

얇게 썬 신선한 크레미니 또는 흰색 양송이 버섯 500g(1lb)

드라이 화이트 와인 50mL(¼ 컵)

소금 1 ½ 티스푼(7mL)

백후추 ½ 티스푼(3mL)

월계수잎 1 장

엑스트라 버진 올리브 오일(또는 화이트 트러플 오일) 1 큰술(15mL)

잘게 간 파르미지아노 레지아노 치즈 3 큰술(45mL)

내열 측정 컵에 마른 포르치니 버섯을 넣습니다. 그런 다음 버섯 위에 끓는 물을 붓습니다. 단단히 덮고 따로 보관하십시오.

[소테]를 눌러 밥솥을 예열하세요. 디스플레이에 "뜨거움"이라는 단어가 나타나면 버터와 올리브 오일을 추가합니다. 그런 다음 샬롯이 부드러워지기 시작할 때까지 볶습니다. 신선한 버섯을 추가하고 적어도 한 면이 황금빛 갈색이 될 때까지 볶습니다. 와인을 붓고 완전히 증발시키십시오. 그런 다음 포르치니 버섯과 불린 액체, 소금, 후추, 월계수 잎을 넣습니다.

인스턴트 포트의 뚜껑을 닫고 잠급니다. [압력조리] 버튼을 누른 후 [+] 또는 [-] 버튼을 눌러 압력조리 시간을 12 분으로 설정하세요. 시간이 다 되면 Quick Pressure Release 를 사용하여 밥솥을 엽니다.

베이 리프를 제거하고 버립니다. 올리브 오일을 추가하고 담금 블렌더를 사용하여 냄비의 내용물을 퓌레로 만듭니다.

10. 찐 옥수수

4-6 인분

재료

신선한 옥수수 6 개

옥수수를 껍질을 벗기고 헹굽니다.

인스턴트 포트 안에 스팀 랙을 놓습니다. 내솥에 물 2 컵(500mL)을 채웁니다. 스팀 선반에 옥수수를 쌓으십시오. 뚜껑을 닫고 스팀 배출 손잡이를 밀봉 위치로 돌립니다. [찜]을 선택하고 [+] 또는 [-]를 조절하여 조리시간을 12 분으로 설정하세요. 스팀콘. 완료되면 5 분을 더 기다립니다. Natural Release 를 사용하여 압력솥을 엽니다(7 페이지 참조).

수프와 칠리

11. 고수 라임 크림을 곁들인 검은콩 수프

재료

수프를 위해

말린 검은콩 480g(2 컵)

올리브 오일 2 테이블스푼(30ml)

잘게 썬 큰 양파 1 개

씨를 빼고 잘게 다진 큰 빨간 피망 1 개

손질하고 잘게 썬 셀러리 2 줄기

다진 마늘 1 쪽

말린 오레가노 1 테이블스푼(3g)

커민 가루 1 테이블스푼(6g) 코셔 소금 11/2 티스푼

갓 간 후추 1/2 작은술

기호에 따라 치폴레 가루 1/2~1 티스푼

야채 육수 또는 물 4 컵(940ml)

신선한 라임 1/2~1 개의 주스

실란트로 라임 크림의 경우(유제품 및 채식주의자는 생략)

사워크림 180g(3/4 컵)

신선한 라임 1/2~1 개의 주스

잘 헹구고 가볍게 두드려 물기를 제거한 신선한 고수 잎 1/4 컵(4g)

기호에 따라 치폴레 가루 1/2~1 티스푼

취향에 따라 코셔 또는 고운 천일염과 간 백후추

선택적 장식용

다진 신선한 실란트로 잎

다진 파

다진 잘 익은 토마토

신선한 라임 웨지

지도

국

콩을 분류하고 자갈이나 부스러기를 버리고 잘 헹구고 물기를 뺍니다. 큰 그릇에 넣고 깨끗한 물로 덮으십시오. 느슨하게 덮고 하룻밤 동안 따로 둡니다. 수프에 넣기 전에 물기를 빼십시오.

전기 압력솥의 소테 버튼을 누르세요. 내솥에 기름을 두르고 뜨거워지면 양파, 피망, 셀러리를 넣습니다. 야채가 부드러워질 때까지 약 4 분간 자주 저어가며 요리합니다.

마늘, 오레가노, 커민, 소금, 후추, 치폴레 가루를 넣습니다. 모든 야채에 양념이 고루 배도록 저어주세요. 육수 1 컵(235ml)을 넣고 냄비 바닥을 긁어 갈색으로 변한 부분을 빼냅니다. 남은 육수 3 컵(705ml)과 불려서 물기를 뺀 검은콩을 붓습니다. 잘 저어. 취소를 누릅니다.
뚜껑을 닫고 잠그고 증기 배출 손잡이가 밀봉 위치에 있는지 확인합니다. 12 분간 고압으로 조리합니다.

실란트로 라임 크림

사워 크림, 라임 주스(라임 1/2 개로 시작), 고수, 치폴레 가루를 푸드 프로세서에 넣고 섞습니다. 허브가 완전히 퓌레가 되고 부드러워질 때까지 모터를 작동합니다. 맛을 보고 소금과 후추를 추가합니다.
더 대담하고 밝은 맛을 원한다면 라임 주스나 고수를 더 넣으세요. 하지만 시간이 지남에 따라 맛이 강해진다는 점을 기억하세요. 그릇에 옮기고 따로 보관하십시오.

수프 마무리

국물이 완성되면 10 분 정도 자연스럽게 압력을 뺀 후 스팀 해제 손잡이를 벤팅 방향으로 돌려 남아있는 스팀을 빼줍니다. 뚜껑의 잠금을 해제하고 조심스럽게 엽니다. 침지 블렌더를 사용하여 수프를 퓌레로 만들거나 블렌더로 옮기고 일괄적으로 퓌레를 만듭니다. 더 두툼한 질감을 위해 일부 콩을 그대로 두거나 완전히 부드러워질 때까지 퓌레를 만들 수 있습니다. 신선한 라임 주스를 저어주세요. 양념은 맛보고 조절하세요. 서빙 그릇에 국자를 담고 크림 한 덩어리(사용하는 경우)를 추가하고 원하는 장식을 얹은 다음 서빙합니다.
분량 : 약 6 인분

12. 매콤한 단호박 수프

재료

큰 버터넛 스쿼시 1 개

올리브유 또는 식물성 기름 3 테이블스푼(45ml)

다진 큰 샬롯 2 개

셀러리 3 줄기를 다듬고 잘게 썬다.

손질하고 잘게 썬 당근 2 개

신선한 백리향 잎 2 작은술

다진 마늘 2 쪽

야채 육수 3 컵(705ml)

메이플 시럽 또는 아가베 시럽 2 테이블스푼(30ml) 또는 취향에 따라

코셔 소금 또는 고운 바다 소금 1 티스푼

갓 간 후추 1/2 작은술

매운 소스 1/4 작은술 또는 기호에 따라

장식용 다진 쪽파

지도

단호박을 전자레인지에 넣고 1~2 분간 가열합니다. 이렇게 하면 껍질이 부드러워지고 자르기가 더 쉽고 안전해집니다. 크고 날카로운 칼을 사용하여 스쿼시를 4 등분하고 씨와 끈을 긁어낸 다음 덩어리를 껍질을 벗깁니다. 입방체로 자릅니다.

Sauté 를 누르고 내솥에 오일을 추가합니다. 뜨거울 때 샬롯, 셀러리, 당근, 백리향을 넣고 자주 저으면서 또는 부드러워질 때까지 4 분간 조리합니다. 마늘을 넣고 30 초간 끓입니다. 육수 1 컵(235ml)을 냄비에 넣고 바닥을 긁어 갈색으로 변한 부분을 빼냅니다. 남은 육수 2 컵(470ml), 메이플 시럽, 소금, 후추, 매운 소스, 버터넛 스쿼시를 넣습니다. 취소를 누릅니다.

뚜껑을 닫고 잠그고 증기 배출 손잡이가 밀봉 위치에 있는지 확인합니다. 9 분간 고압으로 조리합니다. 다 되면 10 분간 자연스럽게 압력을 뺀 후 스팀 배출 손잡이를 벤팅 쪽으로 돌려 남은 압력을 빼줍니다. 압력 밸브가 떨어지면 뚜껑을 열고 조심스럽게 엽니다. 스쿼시가 포크 텐더인지 확인하십시오. 시간이 더 필요하면 뚜껑을 닫고 다시 압력을 가한 다음 2~3 분 더 조리합니다.

수프를 내솥에서 직접 퓌레로 만들려면 침지 블렌더를 사용하거나 한 번에 수프의 절반을 블렌더로 옮기고 일괄 퓌레로 만드십시오. 수프를 맛보고 필요에 따라 조미료를 조정하십시오. 국물이 너무 걸쭉하면 육수나 물을 조금 더 넣으세요. 서빙 그릇에 국자를 담고 골파를 뿌린 다음 뜨겁게 서빙합니다.

수확량: 4~6 인분

13. 중독적인 크림 토마토 수프

재료

버터 또는 올리브 오일(30ml)을 나누어 2 테이블스푼(28g)
중간 양파 1 개, 잘게 썬 것
잘게 썬 당근 3 개
셀러리 3 줄기, 잘게 썬 것
씨를 빼고 잘게 썬 빨간 피망 1/2 개
다진 마늘 1 쪽
치킨 스톡 470ml(2 컵)
잘게 썰거나 으깬 토마토 약 1500g(50 온스)
말린 오레가노 2 티스푼(1g)
말린 바질 2 티스푼(1g)
말린 으깬 로즈마리 1/2 작은술
월계수잎 1 장
알갱이 설탕 1 티스푼
코셔 소금 또는 고운 바다 소금 2 티스푼(12g)
갓 간 후추 1 티스푼
헤비 크림 또는 하프 앤 하프 1/2 컵(120ml)
잘게 다진 신선한 바질 잎 2 테이블스푼(4g)과 장식용 전체 잎

지도

소떼를 눌러 전기압력밥솥 내솥을 데웁니다. 버터 **1** 테이블스푼**(14g)**을 녹입니다.
양파, 당근, 셀러리, 피망을 넣고 부드러워질 때까지 저어가며 **3** 분간 조리합니다.
마늘을 넣고 **30** 초간 볶는다. 육수, 토마토, 허브, 설탕, 소금, 후추를 넣습니다. 섞어서 섞는다. 취소를 누릅니다.
뚜껑을 닫고 잠그고 증기 배출 손잡이가 밀봉 위치에 있는지 확인합니다. **5** 분간 고압으로 조리합니다. 완료되면 **10** 분 동안 자연적으로 압력을 해제한 다음 스팀 해제 핸들을 벤팅으로 돌려 남아 있는 스팀을 배출합니다. 뚜껑의 잠금을 해제하고 조심스럽게 엽니다. 취소를 누릅니다.
베이 리프를 제거하고 버립니다. 남은 버터 **1** 테이블스푼**(14g)**을 넣고 녹을 때까지 저어줍니다. 침지 블렌더를 사용하여 냄비에 수프를 퓌레로 만듭니다. 블렌더를 사용할 수도 있지만 한 번에 퓌레로 만들면 뜨거운 액체가 팽창합니다!
크림과 다진 바질을 저어줍니다. 필요한 경우 조미료를 맛보고 조정하십시오. 그릇에 국자를 담고 바질 잎으로 장식한 후 서빙합니다.

분량 : 약 **4** 인분

14. 호박검은콩찰리

수율: 6 인분

재료

1(28 온스 또는 784g) 통조림으로 구운 깍둑썰기한 토마토(주스 포함)
씨를 빼고 잘게 썬 큰 포블라노 고추 1 개
씨를 빼고 다진 할라피뇨 고추 2 개
잘게 썬 아도보 통조림 치폴레의 치폴레 고추 1 개
다진 중간 크기의 노란 양파 1 개
다진 마늘 4 쪽
볶은 다진 호두 210g(11/2 컵)
빨간 렌즈콩 400g(2 컵)
아도보 치폴레 소스 1 테이블스푼(15ml)
소금 2 티스푼(12g)
고춧가루 3 큰술(24g)
훈제 파프리카 14g(2 큰술)
야채 육수 7 컵(1645ml)
1(14 온스 또는 392g) 통조림 호박 퓨레(파이 필링 제외)
2(15 온스 또는 438g) 검은콩 캔, 잘 헹구고 물기를 제거

선택적 장식용

아보카도 슬라이스
라임 웨지
다진 신선한 실란트로
고소한 옥수수 빵

지도

전기압력밥솥 내솥에 토마토, 고추, 양파, 마늘, 호두, 렌틸콩, 양념을 넣습니다. 야채 육수 6 컵(1410ml)을 저어줍니다.

뚜껑을 닫고 잠그고 증기 방출 손잡이가 밀봉 위치에 있는지 확인합니다. 30 분 동안 고압으로 조리합니다.

조리 시간이 완료되면 릴리스 손잡이를 열고 모든 증기를 배출하여 빠른 릴리스를 수행하십시오. 플로트 핀이 떨어지면 뚜껑의 잠금을 해제하고 조심스럽게 엽니다.

호박 퓨레, 검은콩, 남은 육수 1/2 컵(120ml)을 넣고 저어줍니다. 뚜껑을 제자리에 다시 잠그고 원두가 따뜻해질 때까지 약 5 분간 둡니다. 고추가 너무 진하면 남은 육수 1/2 컵(120ml)을 넣고 잘 저어줍니다.

기호에 따라 아보카도, 라임 조각, 실란트로, 옥수수빵과 함께 제공합니다.

15. 립스틱 칠리

재료

올리브 오일 또는 식물성 오일 2 테이블스푼(30ml)
살코기 다진 쇠고기 454g(1 파운드)
454g(1 파운드) 벌크 분쇄 소시지 또는 홈메이드 소시지
다진 큰 양파 1 개
손질하고 깍뚝썰기한 당근 3 개
씨를 제거하고 다진 포블라노 고추 2 개
피망 1 개, 씨를 제거하고 씨를 빼고 다진 것
씨를 빼고 다진 할라피뇨 고추 2 개
주스와 함께 28 온스 통조림 토마토
쇠고기 육수 또는 물 1/2 컵(120ml)
큰 스푼(15ml) 우스터셔 소스
고춧가루 32g(1/4 컵)
말린 오레가노 1 테이블스푼(3g)
훈제 파프리카 4g(티스푼)
치폴레 가루 1 티스푼(선택사항)
마늘 가루 1 티스푼
간 커민 1 티스푼
코셔 소금 또는 고운 바다 소금 2 티스푼(12g)
갓 간 후추 1 티스푼
마사 하리나 또는 옥수수 가루 2 테이블스푼(16g)
시원한 물 1/4 컵(60ml)
선택적 토핑 및 반주
옥수수 토르티야
슬라이스 할라피뇨 고추
슈레드 체다 치즈 또는 유제품이 함유되지 않은 치즈
다진 붉은 양파
라임 웨지
사워 크림 또는 유제품이 없는 사워 크림 잘게 썬 신선한 파슬리 또는 고수

지도

전기 압력솥에 **Sauté** 를 누르고 **30** 초 동안 가열합니다. 기름과 고기를 넣고 저어주면서 덩어리가 부서지도록 저으면서 분홍색이 보이지 않을 때까지 요리합니다. 양파, 당근, 포블라노, 피망, 할라피뇨를 넣고 저어줍니다. **3** 분 더 저어가며 요리합니다. 토마토, 육수, 우스터셔, 조미료를 넣고 저으면서 냄비 바닥을 긁어 갈색으로 변한 부분을 풀어줍니다. 취소를 누릅니다.

뚜껑을 닫고 잠그고 증기 배출 손잡이가 밀봉 위치에 있는지 확인합니다. **30** 분 동안 고압으로 조리합니다. 다 되면 **12** 분간 자연스럽게 압력을 뺀 후 핸들을 돌려 벤팅을 하고 남은 압력을 풉니다. 뚜껑의 잠금을 해제하고 조심스럽게 엽니다. 취소를 누릅니다.

소테를 누릅니다. 마사 하리나를 물에 녹이고 칠리와 섞은 다음 자주 저어주면서 **3~5** 분 동안 또는 칠리가 원하는 농도로 걸쭉해질 때까지 요리합니다. 양념은 맛보고 조절하세요. 취소를 누릅니다.

그릇에 국자를 담고 옥수수 토르티야와 좋아하는 토핑을 곁들여 내세요.

16. 치킨 스톡

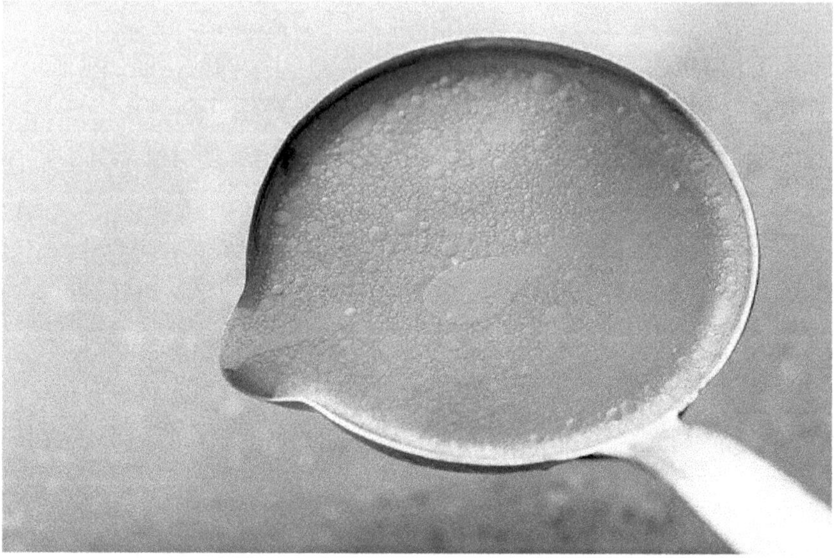

용량: 약 5 컵(1175ml)

재료

닭 시체 1 개와 날개, 등, 목 등 (약 2 파운드 또는 총 중량 908g)
시원한 물 5 컵(1175ml)
4 등분한 큰 노란 양파 1 개
손질하고 굵게 다진 당근 3 개
손질하고 굵게 다진 셀러리 2 줄기
신선한 타임 4 줄기
코셔 소금 또는 고운 바다 소금 2 티스푼(12g)
통 검은 통후추 1 작은술

지도

압력솥의 내솥에 닭 도체와 부품을 넣습니다. 물과 나머지 재료를 추가합니다.
뚜껑을 닫고 잠그고 증기 배출 손잡이가 밀봉 위치에 있는지 확인합니다. 60 분간 고압으로 조리합니다. 조리 시간이 끝나면 12 분 동안 자연적으로 압력을 푼 다음 스팀 해제 핸들을 배기 위치로 돌려 남아 있는 스팀을 배출합니다. 뚜껑의 잠금을 해제하고 조심스럽게 엽니다.
매우 큰 그릇이나 요리 냄비 위에 소쿠리를 놓고 조심스럽게 육수를 붓습니다. 고체를 폐기하십시오. 최대 3 일 동안 냉장하고 뚜껑을 덮거나 더 오래 보관하려면 냉동하세요.

17. 야채 육수

재료

굵게 다진 큰 양파 1 개
손질하여 덩어리로 자른 당근 4 개
굵게 다진 셀러리 5 줄기
얇게 썬 버섯 140g(2 컵)
물 1/4 컵(60ml)에 녹인 토마토 페이스트 1 테이블스푼(15g)
얇게 썬 마늘 1 쪽
월계수 잎 2 장
신선한 타임 2 줄기
신선한 파슬리 3 줄기
코셔 소금 또는 고운 바다 소금 1 티스푼
통후추 1 작은술 물 약 6 컵(1410ml)

지도

전기압력밥솥 내솥에 야채와 양념을 모두 넣어주세요. 재료가 약 1 인치(5cm) 잠길 만큼 충분한 물을 추가합니다. 뚜껑을 닫고 잠그고 스팀 배출 손잡이가
봉인 위치에 있습니다. 18 분간 고압으로 조리합니다. 조리 시간이 끝나면 15 분 동안 자연적으로 압력을 푼 다음 스팀 해제 핸들을 환기 위치로 돌려 남아 있는 스팀을 배출합니다. 뚜껑의 잠금을 해제하고 조심스럽게 엽니다.
매우 큰 그릇이나 요리 냄비 위에 소쿠리를 놓고 육수를 거르고 고형물을 눌러 모든 액체를 추출합니다. 고체를 폐기하십시오. 필요한 경우 조미료를 맛보고 조정하십시오. 최대 3 일 동안 냉장 보관하거나 더 오래 보관하려면 냉동 보관하세요.

용량: 약 6 컵(1410ml)

18. 버터넛 스쿼시 크림 & 생강 수프

4-6 인분

재료

껍질을 벗기고 씨를 제거하고 깍뚝썰기한 버터넛 스쿼시 2kg(4lb)

세이지 1 줄기

대략 다진 큰 양파 1 개

껍질을 벗기고 대략적으로 자른 신선한 생강 1/2 인치(2cm) 조각

육두구 ¼ 티스푼(1mL)

식물성 육수 4 컵(1L) 올리브 오일

소금 & 후추(취향껏)

장식용 구운 호박 또는 호박씨 ½ 컵(125mL)

압력솥에 뚜껑을 덮고 중불에서 세이지, 소금, 후추로 양파를 부드럽게 합니다. 양파가 부드러우면 양파를 옆으로 치우고 압력솥 바닥을 덮을 수 있을 만큼 충분한 스쿼시 큐브에 넣고 약 10 분 동안 갈색이 되도록 놔둡니다. 가끔 저어줍니다. 나머지 스쿼시를 생강, 육두구, 육수와 함께 추가합니다.

압력솥의 뚜껑을 닫고 잠급니다. 고압에서 15 분간 조리합니다.

시간이 되면 압력을 풀어 밥솥을 엽니다.

우디 세이지 줄기를 낚아채 버립니다.

스틱 침지 블렌더로 압력솥의 내용물을 퓌레로 만들어 서빙하세요!

소금에 절인 구운 호박씨로 장식합니다.

19. 뉴잉글랜드 클램 차우더

4-6 인분

준비 시간: 5 분

조리 시간: 10 분

재료

신선한 조개 12~24 개

조개 주스 2 컵(500mL)

훈제하고 절인 베이컨(또는 판체타) 깍둑썰기한 것 1 컵(250mL)

중간 양파 1 개, 잘게 썬 것

소금 1 티스푼(5mL)

후추 1/4 티스푼(1mL)

타티 화이트 와인 125mL($\frac{1}{2}$ 컵)

껍질을 깍둑썰기한 중간 크기 감자 2 개

월계수 잎 1 장

타임 가지 1 개

1 꼬집 카이엔 고추 (또는 레드 페퍼 플레이크)

우유 1 컵(250mL)

크림 1 컵(250mL)

버터 1 큰술(15mL)

밀가루 1 큰술(15mL)

조개를 준비하고 아래에 설명된 대로 자신만의 조개 주스를 만드십시오.
냉압력솥에 뚜껑을 덮지 않은 상태에서 베이컨을 넣고 약한 불에서 불을 켭니다.
베이컨이 기름지고 지글지글 끓기 시작하면 양파, 소금, 후추를 넣고 불을 중불로 올립니다.
양파가 부드러워지면 와인을 넣고 팬 바닥에서 맛있는 갈색 조각을 모두 긁어내어 소스에 넣습니다.
와인이 거의 완전히 증발하도록 한 다음 잘게 썬 감자, 조개 주스(주스 2 컵이 없으면 나머지는 물로 보충), 월계수 잎, 타임, 카이엔 페퍼를 넣습니다.
압력솥의 뚜껑을 닫고 잠급니다.
고압으로 5 분간 조리합니다.
시간이 되면 압력을 풀어 밥솥을 엽니다.
감자가 압력으로 조리되는 동안 동량의 버터와 밀가루를 약한 불에서 섞고 잘 섞일 때까지 작은 나무 숟가락으로 계속 저어 차우더를 걸쭉하게 만드는 루를 만듭니다.
압력솥에 조개살, 크림, 우유, 루를 넣습니다.
잘 저은 후 압력솥에 모든 재료를 넣고 뚜껑을 닫은 상태에서 중약불에서 5 분 동안 끓입니다.
수프 크래커와 함께 장식하거나 빵 그릇에 담아 제공합니다.

20. 미니미트볼국물

4-6 인분
준비 시간: 10 분
조리 시간: 10 분

재료

미니어처 미트볼:

다진 송아지 고기 500g(1lb)
파르미지아노 레지아노 가루 ¼ 컵(50mL)
일반 빵가루 125mL(½ 컵) 계란 1 개
소금과 후추 야채 육수:
물 6 컵(5L)
셀러리 줄기 1 개, 반으로 자른다
중간 크기 감자 2 개, 전체
껍질을 벗긴 당근 2 개
양파 1 개, 반으로 가른다
반으로 자른 토마토 3 개
소금 2 티스푼(10mL)
올리브 오일 2 큰술(30mL)

발사믹 식초 2 큰술(30mL)
파스티나 250g(8oz)

큰 믹싱 볼에 송아지 고기, 치즈, 빵가루, 계란, 소금, 후추를 섞습니다.
멜론 볼러를 사용하여 적당량의 고기 혼합물을 덜어 작은 미트볼을 만드십시오. 압력을 가하면 크기가 거의 두 배가 되므로 필요하다고 생각하는 것보다 작게 만드십시오.
압력솥에 냄비에 야채, 물, 소금을 모두 넣고 야채 육수를 만듭니다. 압력솥의 뚜껑을 닫고 잠그고 불을 센 불로 돌립니다. 팬이 압력에 도달하면 화염을 최소 열로 낮추고 7-10 분의 조리 시간을 세십시오.
시간이 되면 압력을 풀어 밥솥을 엽니다.

모든 야채를 섬세하게 제거하고 토마토를 제외한 서빙 접시에 담습니다(그 안에 있는 것은 그대로 둡니다). 주위에 떠 다니는 토마토 껍질이 보이면 제거하고 버릴 수 있습니다.

국물을 맛보고 기호에 따라 소금과 후추를 조절하세요.

여전히 뜨거운 야채 국물에 미니어처 미트볼을 부드럽게 추가합니다.

압력솥의 뚜껑을 닫고 잠그고 불을 센 불로 돌립니다. 팬이 압력에 도달하면 화염을 최소 열로 낮추고 압력을 가한 상태에서 5-7 분 조리 시간을 세십시오.

시간이 되면 압력을 풀어 밥솥을 엽니다.

압력솥의 뚜껑을 닫고 다시 불을 켜고 파스티나를 넣습니다. 패키지에 표시된 시간(-1 분)에 파스티나를 끓입니다. 걱정하지 마세요. 요리를 제공하는 동안 파스타가 계속 요리됩니다.

그동안 올리브 오일과 발사믹 식초를 작은 꽃병에 넣고 세게 흔들어 비네그레트를 만들고 압력솥에서 미리 꺼낸 야채를 부어주면 이제 반찬이 됩니다!

파스티나가 익기 1 분 남았을 때 불을 끄고 미니어처 미트볼 수프를 제공하세요!

21. 검은콩 수프

4-6 인분
준비 시간: 5 분
조리 시간: 10 분
재료
밤새 또는 하루 종일 불린 마른 검은콩 1½ 컵(375mL)
기름 1 큰술(15mL)
굵게 다진 양파 1 컵(250mL)
다진 마늘 3 쪽
간 커민 1 큰술(15mL)
치폴레 가루 또는 훈제 파프리카 ¼tsp(1mL)
야채 육수 6 컵(1 ½L)
1 큰 월계수 잎
신선한 오레가노 잎 2 티스푼(10mL) 또는
말린 것 2 큰술(30mL)
맛에 따라 소금 ½-2 tsp(3 - 10mL)
간장 요구르트 또는 사워크림
장식용으로 다진 실란트로
콩에서 불린 액체를 배출하고 콩을 따로 보관하십시오.
Sauté 를 선택하여 인스턴트 포트의 오일을 가열합니다. 양파를 넣고 2 분 동안 볶습니다. 마늘, 커민, 치폴레 가루를 넣습니다. 콩, 국물, 월계수 잎, 오레가노를 추가합니다. 잘 저어.
열을 높이십시오. 뚜껑을 제자리에 잠급니다. 스팀 밸브를 "밀봉" 상태로 돌립니다.
[수동] 키를 선택하고 시간을 7 분으로 줄이십시오. 7 분이 되면 자연스럽게 압력이 내려가도록 한다.
내리면 덮개를 조심스럽게 제거하고 반대쪽으로 기울입니다.
베이 리프를 제거하십시오.
이 시점에서 감자 으깨기로 콩을 으깨거나 침지 믹서를 사용하거나 수프를 그대로 둘 수 있습니다.
맛에 소금을 추가합니다.
간장 요거트 또는 사워 크림 덩어리와 실란트로를 뿌려 장식합니다. 즐기다!

22. 붉은 렌즈콩 칠리

6-8 인분
준비 시간: 10 분
조리 시간: 10 분

재료

빨간 렌즈콩 500g(1lb)
물 8 컵(2L)
2 x 14 ½ oz 무염 깍둑썰기한 토마토 캔(불에 구운 것이 좋음)
무염 토마토 페이스트 6 온스 캔 1 개
다진 양파 10 온스(대략 1 개)
퓌레로 만든 빨간 피망 500g(1lb)
씨를 제거한 대추 3 온스(약 12 Deglet Noor)
마늘 8 쪽
사과 사이다 식초 4 큰술(60mL)
파슬리 가루 1½ 큰술(23mL)
오레가노 1 ½ 큰술(23mL)
고춧가루 1½ 큰술(23mL)
훈제 파프리카 2 티스푼(10mL)
치폴레 가루 ½tsp(3mL)(취향에 맞게)
½tsp(3mL) 으깬 레드 페퍼 플레이크(취향에 따라)
대추야자, 마늘, 빨간 피망, 토마토를 믹서기에 넣고 부드러워질 때까지 갈아줍니다.
남은 재료를 모두 인스턴트팟에 넣고 센불에서 10 분간 익혀주세요.
자연스럽게 압력을 해제하거나 즉시 즐기십시오. 구운 감자 위에 서빙하고 가짜 파마산 치즈를 뿌립니다.

23. 채식 쿡가 칠리

산출량: 8 인분

재료:

칠리의 경우:

냄비용 아보카도 오일 또는 올리브 오일 1Tbsp
다진 큰 유기농 적양파 1/2 개
다진 유기농 셀러리 2 줄기
다진 유기농 당근 1 개
다진 유기농 녹색 피망 1 개
다진 유기농 붉은 피망 1 개
껍질을 벗기고 다진 유기농 고구마 1 개
씨를 빼고 잘게 썬 유기농 할라피뇨 1 개
마늘 가루 2 티스푼
말린 오레가노 2 티스푼
고춧가루 1 1/2 큰술
간 커민 1 큰술
1 1/2 tsp 바다 소금
간 후추 1 티스푼
무가당 생 카카오 가루 2 티스푼
8 온스 캔 깍둑썰기한 녹색 고추
15 온스 구운 깍둑 썰기 한 토마토 수 있습니다.
8 온스 유기농 토마토 소스
야채 육수 1 컵
생 사과 사이다 식초 2 큰술
진한 양조 커피 1/4 컵
15 온스 강낭콩, 물기를 빼고 헹굴 수 있음
15 온스 핀토 콩, 배수 및 헹굼
15 온스 물기를 빼고 헹구어 낸 검은콩 통조림

봉사하기 위해:

껍질을 벗기고 덩어리로 자른 큰 아보카도 2 개
견과류 우유 요거트 1 컵
견과류 우유 기반 체다 치즈 1 컵
1/4 컵 신선한 다진 실란트로
구운 글루텐 프리 토르티야 2 장

지도:

냄비에 아보카도 오일을 살짝 바르십시오.
뚝배기에 고추 재료를 모두 넣고 잘 섞이도록 저은 다음 뚜껑을 덮습니다.
강에서 4 시간, 약에서 8 시간 또는 야채가 부드러워질 때까지 조리합니다.
필요한 경우 더 많은 소금과 후추로 맛을 보고 간을 합니다.
토핑과 좋아하는 핫 소스와 함께 그릇에 담으세요.

24. 칠면조 조림

인분: 8
총 준비 시간: 20 분
총 요리 시간: 4 시간 20 분

재료:
올리브 오일(엑스트라 버진) 1 큰술
깍둑썰기한 중간 양파 1 개
다진 페퍼로니
99% 살코기인 1 파운드 칠면조
씻어서 물기를 뺀 검은콩 2 캔(15oz.)
씻어서 물기를 뺀 강낭콩 2 캔(15 온스)
토마토 소스 2 캔(15oz.)
작게 다진 토마토 2 캔(15 온스)
물기를 제거한 다진 길들인 할라피뇨 고추 1 병(16oz.)
냉동 옥수수 1 컵
칠리 파우더 2 큰술
커민 1 큰술
맛볼 소금
검은 후추 꼬집기

지침:
팬에 기름을 중불로 가열합니다.
프라이팬에 칠면조를 넣고 갈색이 될 때까지 볶습니다.
칠면조를 솥에 붓습니다.
양파, 페퍼로니, 토마토 소스, 잘게 썬 토마토, 콩, 할라피뇨, 옥수수, 칠리 파우더, 커민을 넣습니다. 소금과 후추로 젓고 간을 합니다.
뚜껑을 덮고 고온에서 4 시간 동안 또는 저온에서 6 시간 동안 요리합니다.

25. 버터넛 스쿼시와 렌즈콩 수프

인분: 4-6
총 준비 시간: 10 분
총 요리 시간: 40 분

재료:

다진 큰 양파 1 개
껍질을 벗기고 다진 버터넛 스쿼시 1 개
갈색 렌즈콩 1 컵
야채 육수 8 컵
다진마늘 2 작은술
월계수잎 1 장
육두구 가루 1/2 작은술
다진 시금치 1 컵
소금 1/2 티스푼

지침:

뚝배기에 시금치를 제외한 모든 재료를 넣고 잘 섞어주세요.
고출력으로 3~4 시간, 저출력으로 6~8 시간 조리하세요.
월계수 잎을 제거하고 필요한 경우 수프의 약 50%를 믹서기에 넣고 부드러워질 때까지 퓌레로 만듭니다. 뚝배기에 섞지 않은 국물을 넣고 젓는다.
다진 시금치를 넣고 부드러워질 때까지 저어줍니다.

26. 햄과핀토콩수프

분량: 6 인분

재료

말린 핀토콩 1 파운드

1 $\frac{1}{2}$ 파운드 뼈가 있는 햄 정강이

케첩 $\frac{3}{4}$ 컵

소금 $\frac{1}{2}$ 작은술

물 8 컵(요리하는 날까지 필요 없음)

1 갤런 크기의 플라스틱 냉동고 백

냉동백에 물을 제외한 모든 재료를 넣습니다.

최대 3 개월 동안 밀봉하고 냉동합니다.

요리 전날 밤, 냉동 백을 냉장고로 옮겨 해동합니다.

냉동 백의 내용물을 솥에 붓고 물을 추가합니다.

뚜껑을 덮고 5-6 시간 동안 "높음", 8 시간 동안 또는 콩이 갈라질 때까지 "낮음"에서 요리합니다.

햄을 제거하고 뼈를 잘게 썰고 갈가리 찢긴 고기를 냄비에 다시 넣습니다.

딱딱한 빵과 샐러드와 함께 제공하십시오.

27. 이탈리아 미네스트로네 수프

총 조리 시간: 20 분
인분: 4

재료:
다진 당근 1 개
말린 바질 1 티스푼
다진 양파 1 개
다진 마늘 4 쪽
올리브 오일, 4 티스푼
육수, 4 컵
3 온스 퀴노아 파스타 껍질
말린 오레가노 1 티스푼
다진 셀러리 줄기 2 개
카넬리니 콩 15 온스 캔
검은 후추 꼬집기
잘게 썬 회향 전구 1 개
다진 호박 1 개
아기 시금치 4 컵
잘게 썬 구운 토마토 14 온스
바다 소금 1 티스푼

지도:
양파, 마늘, 셀러리, 당근, 바질, 오레가노를 약간의 기름에 볶습니다. 3 분 동안 가끔 저으면서 끓입니다.
애호박과 회향을 함께 3 분간 더 익힙니다.
국물과 토마토를 넣으십시오.
파스타가 거의 완성되면 야채를 넣고 불을 약하게 줄여 8 분 동안 끓입니다.
콩과 시금치를 넣은 후 3 분간 더 끓입니다.

28. 아메리칸 화이트 칠리

총 조리 시간: 30 분
인분: 4

재료:
헹구고 익힌 마른 퀴노아 1 컵
다진 실란트로 1/4 컵
물기를 뺀 카넬리니 콩 30 온스
올리브 오일 2 큰술
다진 마늘 4 쪽
훈제 파프리카, 1/2 작은술
칠리 파우더, 1 큰술
고수 가루 1 작은술
바다 소금 1 티스푼
야채육수 2 컵
할라피뇨 1 개
말린 오레가노 2 작은술
다진 양파 2 개
다진 피망 2 개

지도:
양파, 피망, 마늘을 3 분 동안 기름에 볶습니다.
향신료, 콩 및 국물을 추가하십시오. 종기에 가져다.
뚜껑을 덮고 가끔 저어주면서 18 분 동안 요리합니다.
소금과 실란트로를 넣으십시오.

29. 바삭한 세이지를 곁들인 황금 호박 수프

총 조리 시간: 15 분
인분: 6

재료

계피 가루, 1 티스푼
카이엔 가루, 1 티스푼
순수한 메이플 시럽 2 큰술
다진 세이지 1 큰술
코코넛 밀크 14 온스
올리브 오일, 2 큰술
깍뚝썰기하여 구운 호박 5 컵
코셔 소금과 간 후추
다진 샬롯 1 개
핀치 바다 소금
소금에 절인 버터 4 큰술
구운 호박씨 1 컵

지도

오븐을 400°F 로 설정합니다.
버터넛 스쿼시, 샬롯, 올리브 오일, 메이플 시럽, 갈은 세이지, 카이엔 고추, 계피, 약간의 소금과 후추를 크록팟 냄비에 넣습니다.
부드러워질 때까지 약간의 물로 볶은 채소를 퓌레로 만듭니다.
버터 반개와 코코넛 밀크를 넣고 5 분간 끓인다.
남은 버터를 녹이고 세이지 잎 전체를 한 면당 1 분씩 익힙니다.
냄비에 세이지와 호박씨에 소금을 넣으십시오.
바삭바삭한 세이지 잎과 호박씨로 장식하여 서빙합니다.

30. 버터를 곁들인 구운 토마토 수프

총 조리 시간: 10 분
인분: 4

재료

토마토 바질 수프

전유 1 컵
양파 1 개
백리향 2 큰술
통 껍질을 벗긴 토마토 28 온스, 구운 것
코셔 소금과 간 후추
소금에 절인 버터 3 큰술
레몬 바질 페스토 6 큰술

지도

볶은 토마토, 양파, 우유를 부드러워질 때까지 섞습니다.
페스토를 제외한 모든 것을 Crockpot 을 사용하여 결합하고 425°F 에서 3 분 동안 철저히 가열합니다.
페스토 3 큰술을 뿌린다.

31. 버섯을 곁들인 치킨 수프

총 조리 시간: 40 분
인분: 8

재료

다진 마늘 10 쪽

다진 붉은 피망 1 작은술

월계수 잎 2 장

케일 12 온스, 줄기 제거, 부러진 잎

미리 자른 비타민 D 강화 버섯 1 파운드

뼈와 껍질을 제거한 닭가슴살 2 파운드

다진 양파 2 컵

코코넛 오일 2 큰술

15 온스 물기를 제거한 병아리콩

무염 닭육수 8 컵

얇게 썬 셀러리 줄기 3 개

얇게 썬 당근 2 개

타임 4 줄기

코셔 소금, 2 티스푼

지도

당근, 양파, 셀러리를 5 분간 기름에 볶습니다.

버섯, 마늘, 병아리콩, 육수, 백리향, 월계수 잎을 넣고 끓입니다.

닭고기, 소금, 후추를 넣고 약 30 분 동안 닭고기를 끓입니다.

고기를 갈가리 찢고 뼈를 버립니다.

케일을 5 분 동안 익힌 다음 잘게 썬 닭고기를 넣습니다.

32. Crockpot 농축 수프

총 조리 시간: 30 분
인분: 8

재료

미리 자른 비타민 D 강화 버섯 1 파운드
기름 2 큰술
다진 양파 2 컵
다진 마늘 10 쪽
12 온스 컬리 케일, 줄기 제거, 부러진 잎
무염 닭육수 8 컵
코셔 소금, 2 티스푼
얇게 썬 셀러리 줄기 3 개
뼈와 껍질을 제거한 칠면조 2 파운드
타임 4 줄기
월계수 잎 2 장
얇게 썬 당근 2 개
15 온스 물기를 제거한 병아리콩
다진 붉은 피망 1 티스푼

지도

칠면조와 케일을 제외한 모든 재료를 기름에 볶습니다. 뚜껑을 덮고 25 분 동안 끓입니다.
국물에 칠면조와 케일을 추가합니다. 뚜껑을 덮고 5 분간 끓입니다.

33. 황금 강황 콜리플라워 수프

총 조리 시간: 30 분
인분: 4

재료

다진 마늘 3 쪽
포도씨유 3 큰술
$\frac{1}{8}$ 큰술 으깬 고추 플레이크
강황 1 큰술
$\frac{1}{4}$ 컵 전체 코코넛 밀크
콜리플라워 작은 꽃 6 컵
커민 가루 1 큰술
다진 양파 또는 회향 구근 1 개
야채육수 3 컵

지도

오븐을 450 도로 설정합니다.
콜리플라워와 마늘을 기름에 볶는다.
강황, 커민, 레드 페퍼 플레이크가 골고루 묻도록 버무립니다.
콜리플라워는 베이킹 시트에 한 겹으로 펴서 30 분 동안 또는 황금빛 갈색이 될 때까지 구워야 합니다.
Crockpot 을 사용하여 남은 기름 1 큰술에 양파를 볶습니다.
냄비에 남은 콜리플라워를 양파와 야채 육수와 섞습니다.
부드러워질 때까지 퓨레를 만들고 약간의 코코넛 밀크와 함께 제공합니다.

34. 뚝배기 해장국

총 조리 시간: 45 분
인분: 6

재료

16 온스 캔 소금에 절인 양배추; 헹구다
익힌 베이컨 2 조각
폴란드 소시지 ½ 파운드; 슬라이스 및 요리
양파 1 개; 다진 것
밀가루 2 큰술
셀러리 2 줄기; 슬라이스
육수 4 컵
캐러웨이 씨앗 1 티스푼
2 토마토; 다진 것
1 피망; 다진 것
파프리카 2 작은술
얇게 썬 버섯 1 컵
사워크림 ½ 컵

지도

부드러워질 때까지 야채를 익히고 양파와 피망을 넣습니다.
익힌 소시지와 베이컨, 쇠고기 육수, 소금에 절인 양배추, 토마토, 파프리카, 캐러웨이 씨를 넣습니다.
45 분간 조리합니다.
밀가루와 사워 크림을 섞어 수프에 넣습니다.
Crockpot 에 모든 것을 채우고 추가로 1 분 동안 요리합니다.

35. 뚝배기 쇼유 국물

총 조리 시간: 10 분
인분: 4

재료:
잘게 썬 말린 표고버섯 5 개
코코넛 오일 4 티스푼
다시 과립 4 큰술
얇게 썬 파 3 개
씨를 제거하고 껍질을 벗기고 다진 사과 1 개
백후추 1 티스푼
껍질을 벗긴 마늘 5 쪽
소꼬리 4 조각
양파 1 개
다진 셀러리 줄기 2 개
레몬 1 개
닭육수 2 리터
껍질을 벗기고 다진 당근 2 개
간장 175ml
소금 2 티스푼
통닭 1 마리
월계수잎 1 장

지도:
냄비에 코코넛 오일, 마른 표고버섯, 사과, 셀러리, 당근, 양파, 마늘을 넣습니다.
닭고기, 소꼬리, 레몬을 넣습니다.
Crockpot 을 90°C 로 가열하고 10 시간 동안 오븐에 넣습니다. 수프를 끓입니다.
스파게티에 버무립니다.

36. 렌즈콩 수프

총 조리 시간: 30 분
인분: 4

재료
다진 양파 1 컵
소금 2 티스푼
고수 가루 1/2 작은술
닭고기 또는 야채 국물 2 쿼트
렌틸콩 1 파운드
다진 토마토, 1 컵
다진 당근, 1/2 컵
다진 셀러리, 1/2 컵
2 큰술올리브기름
커민 1 티스푼

지도
셀러리, 양파, 당근을 약간의 소금으로 기름에 볶습니다.
실란트로, 커민, 렌틸콩, 토마토, 국물을 섞습니다.
몇 분 동안 끓입니다.
블렌더를 사용하여 혼합물을 원하는 농도로 퓌레로 만듭니다.

샐러드와 사이드

37. 이탈리안 카넬리니 & 민트 샐러드

재료

불린 마른 카넬리니 원두 1 컵(250mL)
물 4 컵(1L)
다진 마늘 1 쪽
월계수 잎 1 장
신선한 민트 1 줄기
대시 식초 1 개
올리브유 넉넉히 1 꼬집 소금 & 후추(취향껏)

압력 요리를 하려면 불린 콩, 물, 마늘 정향, 월계수 잎을 인스턴트 포트에 넣습니다.
뚜껑을 닫고 잠급니다. [압력조리] 또는 [수동]을 선택한 후 [+] 또는 [-] 버튼을 눌러 압력조리 시간을 8 분으로 설정하세요.
시간이 다 되면 Natural Release 를 사용하여 뚜껑을 엽니다.
콩을 걸러내고 민트, 식초, 올리브 오일, 소금, 후추와 섞습니다.

38. 매콤한 콜리플라워 & 시트러스 샐러드

재료

작은 콜리플라워 1 개

작은 로마네스크 콜리파워 1 개, 작은 꽃

브로콜리 500g(1lb)

껍질을 벗기고 얇게 썬 씨 없는 오렌지 2 개

오렌지 1 개, 제스트 및 압착

멸치 4 마리

기호에 따라 얇게 썰거나 잘게 썰고 헹구지 않은 고추 1 개(가능하면 신선한 것)

엑스트라 버진 올리브 오일 4 큰술(60mL)

소금 & 후추(취향껏)

비네그레트 용기에 오렌지 껍질과 주스, 멸치, 고추, 케이퍼, 올리브 오일, 소금과 후추를 넣습니다. 식탁의 기호에 따라 잘게 자르거나 통째로(매운 고추 제외) 둘 수 있습니다.

용기를 잘 흔들어서 따로 보관하십시오.

손으로 또는 칼로 오렌지 껍질을 벗기고 매달려 있는 작은 흰색 속을 모두 제거합니다. 그런 다음 가로 방향으로 얇게 썬다.

오렌지에 씨가 없으면 조각에서 씨를 골라 따로 보관합니다.

바닥에 물 한 컵을 붓고 안에 찜통을 넣어 압력솥을 준비합니다.

모든 작은 꽃을 찜기 바구니에 넣습니다.

압력솥의 뚜껑을 닫고 잠급니다. 열을 최대로 높이고 밥솥이 압력에 도달하면 밥솥이 압력을 유지하는 데 필요한 최소 수준까지 열을 낮춥니다. 낮은 압력에서 6 분 동안 조리합니다.

시간이 되면 압력을 풀어 밥솥을 엽니다.

작은 꽃을 서빙 접시에 옮기고 오렌지 조각을 끼얹은 다음 비네그레트를 한 번 더 잘 흔든 다음 위에 붓습니다.

살사로 크림 치킨 타코 샐러드

8 인분

재료

샐러드:

엑스트라 버진 올리브 오일 1 큰술(15mL)
잘게 썬 양파 ½ 컵(125mL)
한 입 크기로 자른 큰 닭가슴살 4 개
소금 1 티스푼(5mL)
커민 1 티스푼(5mL)
후추 ½ 티스푼(3mL)
청고추를 넣은 다진 토마토 1 캔(15oz)
물기를 빼고 헹군 검은콩 1 캔(15oz)
잘게 썬 실란트로 잎 3 큰술(45mL)
실란트로 라임 밥
잘게 썬 양상추, 잘게 썬 신선한 토마토, 잘게 썬 치즈, 아보카도, 토르티야 칩

실란트로 라임 드레싱:

마요네즈 ½ 컵(125mL)
버터밀크 ½ 컵(125mL)
청키 살사 베르데 ⅓컵(75mL)
다진 고수 75mL(⅓컵)
라임 주스 1 큰술(15mL)
다진 마늘 2 쪽
마늘 가루 ½ 티스푼(3mL)
양파 가루 ½tsp(3mL)
소금 ½ 티스푼(3mL)
간 후추 ¼ 티스푼(1mL)
¼ 티스푼(1mL) 레드 페퍼 플레이크

드레싱 준비: 블렌더 용기에 마요네즈, 버터밀크, 살사, 실란트로, 라임 주스, 마늘, 마늘 가루, 양파 가루, 소금, 후추, 레드 페퍼 플레이크를 섞습니다. 잘 섞일 때까지 펄싱합니다. 몇 시간 또는 밤새 냉장 보관하십시오.

인스턴트팟에서 소테 기능을 선택하세요. 뜨거울 때 냄비에 기름과 양파를 넣으십시오. 양파를 3 분간 볶는다.

닭고기를 넣고 2 분간 볶습니다. 토마토, 소금, 커민, 후추를 넣습니다.

뚜껑을 제자리에 잠급니다. 인스턴트 포트에서 수동을 선택하고 고압으로 조절하십시오. 조리 시간은 2 분으로 설정합니다. 타이머가 울리면 빠른 압력 해제를 사용하여 압력을 해제하십시오.

뚜껑을 제거하십시오. 소테를 선택하고 액체가 다 익을 때까지 자주 저어가며 요리합니다. 검은콩과 실란트로를 넣고 저어주세요.

치킨, 실란트로 라임 라이스, 치즈, 아보카도, 으깬 또띠아 칩, 고수 라임 드레싱을 얹은 양상추 위에 서빙하세요.

39.1분퀴노아

재료

헹군 블랙 퀴노아 1 컵(250mL)
소금 1 꼬집
물 1 ½ 컵(375mL)
제스트 및 압착 라임 1 개
대략 다진 실란트로 또는 파슬리 1 단
잘게 썬 큰 로마 토마토 1 개
잘게 썬 노란 피망 1 개
다진 그린 올리브 1/2 컵(125mL)
씨를 빼고 잘게 썬 오이 1 개

인스턴트팟에 퀴노아, 라임 제스트, 소금, 물을 넣습니다.
뚜껑을 닫고 잠급니다. 불을 센불로 설정하고 밥솥이 압력에 도달하면 불을 낮추고 HIGH 압력에서 1 분 동안 요리하십시오. 시간이 다 되면 압력솥의 여열과 수증기로 퀴노아를 계속 조리합니다. 불을 끄고 아무것도 하지 마십시오(약 10 분). 10 분이 지나도 밥솥의 압력이 모두 배출되지 않으면 밸브를 열어 남은 압력을 빼주세요.
조리된 퀴노아를 믹싱볼에 옮겨 식힙니다.
그런 다음 다진 토마토, 후추, 올리브, 오이, 실란트로를 넣습니다.
라임 주스와 섞고 추가 소금으로 맛을 냅니다.
실온 또는 냉장 보관하십시오.

완벽한 바스마티 쌀

재료

바스마티 쌀 2 컵(500ML)

물 2 ½ 컵(625ML)

미세 망사 여과기로 쌀을 헹굽니다.

내솥의 상단 가장자리에서 흩어진 쌀알을 조심스럽게 제거하면서 밥을 인스턴트 팟에 두드립니다.

물을 붓고 섞는다.

뚜껑을 닫고 밸브를 뚜껑의 "밀봉" 으로 설정한 다음 수동 프로그램을 선택하고 압력 조리 시간을 고압에서 3 분으로 조정합니다.

시간이 다 되면 10 분 자연 압력 해제를 사용하여 인스턴트 포트를 엽니다.

40. 완벽한 재스민 쌀

재료

재스민 라이스 3 컵(750ML) | 물 3 컵(750ML)

미세 망사 여과기로 쌀을 헹굽니다.

쌀을 걸러서 인스턴트 팟에 넣습니다. 내솥의 상단 가장자리에서 흩어진 곡물을 조심스럽게 제거하십시오.

물을 추가합니다. 인스턴트 포트의 뚜껑을 닫고 잠급니다. [압력취사] 버튼을 누른 후 [-] 버튼을 눌러 고압력 취사 시간을 1 분으로 설정하세요.

시간이 다 되면 10 분 자연 압력 해제를 사용하여 인스턴트 포트를 엽니다.

41. 완벽한 현미

재료

현미 2 컵(500ML)

물 2 ½ 컵(625ML)

인스턴트 팟에 밥을 넣습니다. 내솥의 상단 가장자리에서 흩어진 곡물을 조심스럽게 제거하십시오.

물을 추가합니다. 인스턴트 포트의 뚜껑을 닫고 잠급니다. [압력조리] 버튼을 누른 후 [-] 버튼을 눌러 압력조리 시간을 22 분으로 설정하세요.

시간이 다 되면 10 분 자연 압력 해제를 사용하여 인스턴트 포트를 엽니다.

42. 다시뮤린콩

재료

식물성 기름 1 큰술(15mL)

다진 양파 1 개

고수(또는 파슬리) 1 단, 줄기와 잎을 나누어 다진 것

¼ tsp(1mL) 치폴레 가루 ½ tsp(2mL) 커민

불린 마른 볼로티(또는 핀토) 콩 2 컵(500mL)

물 2 컵(500mL)

소금 1 티스푼(5mL)

예열된 압력솥에 뚜껑을 덮지 않은 채 중불에서 기름을 넣고 양파, 파슬리 줄기, 치폴레, 커민을 양파가 부드러워지기 시작할 때까지 볶습니다.

콩과 물을 넣으십시오.

뚜껑을 닫고 잠급니다. 불을 최대로 높이고 밥솥이 압력에 도달하면 압력을 유지하는 데 필요한 최소 수준으로 열을 낮춥니다. 고압에서 7-10 분간 조리합니다.

자연 방출 지침에 따라 엽니다. 압력솥을 차가운 버너로 옮기고 압력이 저절로 내려갈 때까지 기다립니다(약 10 분).

콩(고명용)을 한 숟가락 떠서 밥솥에 소금을 뿌린 후 포테이토 으깨기로 원하는 농도로 으깬다.

콩, 파슬리, 사워크림(또는 일반 우유 요거트) 약간을 뿌려 서빙합니다.

43. 시칠리아 야채 메들리

2-4 인분

재료

깍둑썰기한 큰 가지 1 개

소금 1 티스푼(5mL)

올리브 오일 50mL($\frac{1}{4}$ 컵)

1 중간 고추 (빨간색 또는 노란색), 스트립으로 잘라

둥글게 자른 중간 크기의 애호박 2 개

얇은 웨지로 자른 양파 1 개

깍둑썰기한 중간 감자 2 개

반으로 자른 방울토마토 10 개

체에 거른 후 헹군 케이퍼 1 큰술(15mL)

잣 2 큰술(30mL)(요리용 1 개, 고명용 1 개)

재수화 및 압착한 건포도 1 테이블스푼(15mL)

씨를 제거한 올리브 50mL($\frac{1}{4}$ 컵)

다진 바질 1 단(반은 요리용, 반은 장식용)

소금 & 후추(취향껏)

가지를 여과기에 넣고 큐브에 소금을 뿌립니다. 쓴 액체를 모두 제거하려면 네모난 가지 위에 접시를 놓고 그 위에 약간의 추를 얹어 아래로 내리며(저는 차 주전자를 가득 사용합니다) 약 30 분 동안 그대로 둡니다.

그 동안 표시된 대로 다른 야채를 씻어서 자릅니다.

예열된 압력솥에 뚜껑을 덮지 않은 채 센 불에 올리브유를 넣고 야채를 볶다가 다음 순서대로 넣고 나무주걱으로 계속 저어줍니다.

먼저 가지와 감자(3 분을 기다린 후 계속 저어준다), 고추와 양파(3 분을 더 기다린 후 계속 저어준다), 애호박(3 분 더 저어준다)을 넣는다. 밥솥이 가득 차기 시작하므로 조심스럽게 저어주세요!

마지막으로 다진 바질 반 개, 잣, 건포도, 올리브, 케이퍼, 소금, 후추를 넣어 맛을 낸다. 압력에 도달하는 데 $\frac{1}{2}$ 컵 이상의 물이 필요한 전기 압력솥을 사용하는 경우 물을 1 컵 추가합니다. 뚜껑을 닫고 밸브를 압력 조리 위치로 설정합니다. 전기 압력솥 및 가스레인지 압력솥: 고압에서 4 분간 조리합니다.

시간이 되면 노멀 릴리스로 압력솥을 열어 밸브를 통해 압력을 해제합니다.

압력솥의 내용물을 즉시 서빙 접시에 옮기고(야채가 식을 수 있도록) 카포나티나는 실온에 두었다가 방울토마토와 섞고 약간의 신선한 올리브 오일, 발사믹 식초로 드레싱합니다(필요한 경우 - 먼저 산도를 확인하십시오. 토마토가 완전히 익지 않은 경우 산이 충분할 수 있습니다).
신선한 바질과 잣을 뿌린다.

44. 클래식 으깬 감자

4-8 인분

재료

6-8 중간 감자, 모든 종류

물 2 컵(500mL)

굵은 암염 1 티스푼(5mL)

풀 크림 또는 우유 1/3 컵(75mL) 소금 및 후추(취향에 따라)

감자를 잘 씻고 문지릅니다. 껍질을 벗기더라도 감자에 달라붙은 재료가 압력솥과 요리용 물에 떠 다니는 것을 원하지 않습니다. 나중에 으깨는 데 사용할 것입니다.

씻은 감자를 압력솥 안에 넣고 가장 큰 감자는 바닥에, 작은 감자는 위에 놓고 물을 붓습니다. 그런 다음 위에 소금을 뿌립니다(요리하는 동안 소금이 녹아 물과 결합합니다). 차가운 스테인리스 스틸 압력솥에 소금을 직접 접촉시키지 마십시오. 금속이 변색될 수 있습니다.

압력솥의 뚜껑을 닫고 잠급니다.

고압에서 18 분간 조리합니다.

시간이 되면 밸브를 통해 압력을 해제하여 밥솥을 엽니다. 각 압력 밥솥은 이 작업을 다르게 수행하므로 구체적인 지침은 설명서를 참조하십시오!

감자를 믹싱볼에 옮기고 조리할 물은 남겨두세요. 다룰 수 있는 만큼 감자가 뜨거울 때 껍질을 벗기세요(원하는 경우 그대로 두세요).

감자 으깨는 도구로 으깨기 시작하고 식수 2 큰술을 추가합니다. 그런 다음 크림 두 스푼. 원하는 일관성에 도달할 때까지 계속 추가하고 으깨십시오. 두툼한 것이 우리 가족이 좋아하는 것이므로 감자가 완성될 때까지 몇 차례 으깨고 액체를 추가하면 됩니다.

이미 충분히 짠 것일 수 있으므로 소금을 추가하기 전에 먼저 맛을 보세요! 그런 다음 맛을 내기 위해 소금과 후추를 추가합니다.

45. 구운 아기 감자

4-6 인분

재료

식물성 기름 5 큰술(75mL)
2 파운드(1kg) 베이비 또는 핑거링 감자
로즈마리 1 줄기
마늘 3 쪽(겉 껍질)
육수 1 컵(250mL)
소금 & 후추(취향껏)

인스턴트팟을 예열하려면 [소테]를 누르세요. 디스플레이에 "뜨거움"이 표시되면 식물성 기름을 추가합니다.
감자, 마늘, 로즈마리를 넣습니다. 감자를 굴려 겉면의 모든 면을 노릇하게 굽습니다(대략 8-10 분).
날카로운 칼로 각 감자의 가운데를 뚫습니다(더 이상 감자를 휘젓지 마십시오). 주식을 따르십시오.
인스턴트 포트의 뚜껑을 닫고 잠급니다. [압력조리] 버튼을 누른 후 [+] 또는 [-] 버튼을 눌러 압력조리 시간을 11 분으로 설정하세요.
시간이 되면 압력을 해제하고 Quick Pressure Release 를 사용하여 인스턴트 포트를 엽니다.
마늘 정향의 바깥 껍질을 제거하고 마늘 전체를 제공하거나 감자와 함께 으깬다.
소금과 후추로 모든 것을 뿌리고 서빙하십시오!

46. 현미필라프

재료

올리브 오일 또는 식물성 오일 2 테이블스푼(30ml)

중간 양파 1 개, 잘게 썬 것

씨를 빼고 잘게 다진 붉은 피망 1 개

손질하고 잘게 썬 셀러리 2 줄기

당근 2 개, 껍질을 벗기고 다듬고 잘게 썬다

생 현미 1 컵(180g)

다진마늘 1 티스푼

드라이 화이트 와인 또는 물 1/4 컵(60ml)

야채 육수 또는 물 11/4 컵(295ml)

말린 타임 1/2 작은술

코셔 소금 또는 고운 바다 소금 1/2 티스푼

갓 간 후추 1/4 작은술

지도

전기 압력솥에서 Sauté 를 누릅니다. 내솥의 오일을 반짝거릴 때까지 가열합니다.

양파, 후추, 셀러리, 당근을 넣습니다. 양파가 부드러워질 때까지 약 3 분간 자주 저어가며 요리합니다. 쌀을 붓고 저어가며 모든 곡식에 기름을 입힙니다. 약 5 분 동안 또는 쌀에서 고소한 냄새가 날 때까지 계속 요리합니다. 마늘을 넣고 30 초간 볶는다. 와인을 넣고 저어 냄비 바닥에서 갈색 조각을 긁어냅니다. 주식을 따르십시오. 백리향, 소금, 후추를 저어주세요. 취소를 누릅니다.

뚜껑을 닫고 잠그고 증기 배출 손잡이가 밀봉 위치에 있는지 확인합니다. 22 분 동안 고압으로 조리합니다. 완료되면 12 분 동안 자연적으로 압력을 해제한 다음 스팀 해제 핸들을 벤팅으로 돌려 남아 있는 스팀을 배출합니다. 뚜껑의 잠금을 해제하고 조심스럽게 엽니다.

물기가 너무 많으면 Sauté 를 누르고 밥을 익혀 증발시킵니다. 포크를 사용하여 밥을 부풀립니다. 필요한 경우 조미료를 맛보고 조정하십시오. 더 익혀야 한다면 뚜껑을 닫고 5 분간 그대로 두세요.

수율: 4 인분

47. 고소한 크림 폴렌타

재료

폴렌타 또는 중간 갈기 1 컵(164g)
헤비 크림 또는 하프 앤 하프 1/4 컵(60ml)
옥수수 가루(선택사항)
물 또는 야채 육수 4 컵(940ml)
파마산 치즈 간 것 1/2 컵(50g)
코셔 소금 또는 고운 바다 소금 1 티스푼

지도

전기 압력솥 내솥에 폴렌타, 물, 소금을 넣습니다. 잘 저어. 뚜껑을 닫고 잠그고 스팀 배출 손잡이가 밀봉 위치에 있는지 확인한 후 5 분 동안 센 불에서 조리하세요. 다 끝나면 12 분간 자연스럽게 압력을 빼주세요. 그런 다음 증기 방출 핸들을 환기구로 돌려 남아 있는 증기를 방출합니다. 뚜껑의 잠금을 해제하고 조심스럽게 엽니다.
혼합물이 크림처럼 부드럽고 부드러워질 때까지 거품기로 잘 저으면서 덩어리를 부수십시오. 원하는 경우 추가 풍부함을 위해 크림을 저어줍니다. 그릇에 담고 사용하는 경우 치즈를 뿌린 다음 서빙합니다.
분량 : 약 4 인분

48. 가정과 채린 그릭 샐러드

재료

샐러드

식물성 또는 올리브 오일 2 테이블스푼(30ml) 잘게 썬 양파 1/2 컵(80g)
씨를 제거하고 아주 잘게 썬 빨간 피망 1 개
잘 헹구고 물기를 뺀 기장 1 컵(175g) 코셔 소금 또는 고운 바다 소금 1/2 티스푼
갓 간 후추 1/2 작은술 말린 오레가노 1 작은술 물 1 컵(235ml)
치킨 스톡 또는 물 3/4 컵(180ml)
잘 헹구고 흔들어서 말린 어린 시금치 잎 60g(11/2 컵)
껍질을 벗기고 잘게 썬 작은 오이 1 개
다진 올리브 1/3 컵(35g), 가급적 칼라마타
4 등분한 방울토마토 50g(1/3 컵)
1/2 작은 붉은 양파, 아주 얇게 썬 것
11/2 컵(210g)의 익힌 닭고기를 작은 입방체로 자르거나 잘게 다져 실온에 둡니다.

드레싱을 위해

엑스트라 버진 올리브 오일 1/3 컵(80ml)
갓 짜낸 레몬즙 2 테이블스푼(30ml)
취향에 따라 레드 와인 식초 1~2 큰술(15~30ml)
코셔 소금 또는 고운 바다 소금 1/2 티스푼
갓 간 후추 1/4 작은술

토핑용

잘게 썬 신선한 파슬리 2 테이블스푼(6g)
으깬 페타 치즈 38g(1/4 컵)(선택 사항)

지도

Sauté 를 누르고 전기 압력솥 내솥에 식물성 기름을 데우십시오. 끓으면 다진 양파와 피망을 넣고 4 분 동안 또는 양파가 약간 부드러워질 때까지 저어가며 요리합니다.
기장을 추가하십시오. 소금, 후추, 오레가노를 뿌린 다음 물과 육수를 붓고 냄비 바닥에 아무것도 달라붙지 않도록 저어줍니다. 취소를 누릅니다.
뚜껑을 닫고 잠그고 증기 배출 손잡이가 밀봉 위치에 있는지 확인합니다. 9 분간 고압으로 조리합니다. 완료되면 8 분 동안 자연적으로 압력을 해제한 다음 스팀 해제 핸들을 벤팅으로 돌려 남아 있는 스팀을 배출합니다. 뚜껑의 잠금을 해제하고 조심스럽게 엽니다.

뚜껑을 열고 포크로 알갱이를 긁어서 큰 그릇에 옮깁니다. 그릇에 시금치를 넣고 기장에 넣고 저은 다음 수증기로 채소를 시들게 합니다. 기장이 뭉치는 것을 방지하기 위해 가끔 포크로 저으면서 실온으로 식히십시오. 식으면 오이, 올리브, 토마토, 적양파, 닭고기를 넣고 저어줍니다.

분량 : 약 4 인분

49. 언제봐도 완벽한 밥

재료

장립 백미 1 컵(180g)

현미 1 컵(190g)

물 또는 야채 육수 11/4 컵(295ml)

물 또는 야채 육수 11/2 컵(355ml)

1/2 티스푼 코셔 또는 미세 바다 소금, 또는 취향에 따라

1/2 티스푼 코셔 또는 미세 바다 소금, 또는 취향에 따라

지도

흰 쌀

흐르는 물에 1 분 정도 물이 더 이상 흐려지지 않을 때까지 철망 체에 쌀을 헹굽니다.

전기압력밥솥 내솥에 쌀과 물, 소금을 넣고 저어줍니다. 뚜껑을 닫고 잠그고 증기 배출 손잡이가 밀봉 위치에 있는지 확인합니다. 3 분간 고압으로 조리합니다.

완료되면 12 분 동안 자연적으로 압력을 해제한 다음 스팀 해제 핸들을 벤팅으로 돌려 남아 있는 스팀을 배출합니다. 뚜껑의 잠금을 해제하고 조심스럽게 엽니다. 서빙하기 전에 포크를 사용하여 쌀을 긁어내고 보풀이 일어납니다.

현미

흐르는 물에 1 분 정도 물이 더 이상 흐려지지 않을 때까지 철망 체에 쌀을 헹굽니다.

전기압력밥솥 내솥에 밥, 물, 소금을 넣고 잘 저어주세요. 뚜껑을 닫고 잠그고 증기 배출 손잡이가 밀봉 위치에 있는지 확인합니다. 22 분 동안 고압으로 조리합니다.

완료되면 10 분 동안 자연적으로 압력을 해제한 다음 스팀 해제 핸들을 벤팅으로 돌려 남아 있는 스팀을 배출합니다. 뚜껑의 잠금을 해제하고 조심스럽게 엽니다. 서빙하기 전에 포크를 사용하여 쌀을 긁어내고 보풀이 일어납니다.

수확량: 3~4 인분

50. 레몬 비네그레트를 곁들인 퀴노아 야채 샐러드

재료

퀴노아를 위해

야채 육수 또는 물 1 컵 물 1/4 컵(60ml)

잘 헹구고 물기를 뺀 퀴노아 175g(1 컵)

코셔 소금 또는 고운 바다 소금 1 작은술 레몬 비네그레트용

갓 짜낸 레몬즙 2 테이블스푼(30ml)

엑스트라 버진 올리브 오일 1/4 컵(60ml) 꿀 1 티스푼(또는 취향껏)

신선한 백리향 잎 1/2 작은술 코셔 소금 또는 고운 바다 소금 1/4 작은술

갓 간 후추 1/8 작은술

야채를 위해

올리브 오일 또는 식물성 오일 1 테이블스푼(15ml)

손질하고 잘게 썬 큰 당근 2 개

손질하고 잘게 썬 셀러리 2 줄기

씨를 빼고 잘게 다진 큰 빨간 피망 1 개

다진 붉은 양파 2 큰술(20g)

4 등분한 방울토마토 150g(1 컵)

껍질을 벗기고 씨를 제거하고 잘게 썬 중간 크기 오이 1 개

손질하고 얇게 썬 파 2 개

신선한 타임 잎 2 티스푼(1g)

지도

퀴 노아

전기 압력솥 내솥에 육수, 물, 퀴노아, 소금을 넣습니다. 저어 냄비에 뚜껑을 놓으십시오. 뚜껑을 잠그고 증기 배출 손잡이가 밀봉 위치에 있는지 확인하십시오.

4 분간 고압으로 조리합니다. 퀴노아가 완성되면 12 분 동안 자연적으로 압력을 푼 다음 스팀 해제 핸들을 벤팅으로 돌려 남은 스팀을 배출합니다. 뚜껑의 잠금을 해제하고 조심스럽게 엽니다.

퀴노아를 그릇에 옮기고 따로 보관합니다. 냄비를 닦고 압력솥에 다시 넣습니다.

비네그레트

퀴노아가 익는 동안 비네그레트를 만듭니다. 뚜껑이 단단한 그릇이나 병에 드레싱 재료를 넣고 유화될 때까지 휘젓습니다. 병을 사용하는 경우 세게 흔들어 섞을 수 있습니다. 필요에 따라 조미료를 맛보고 조정하십시오.

채소

Sauté 를 누르고 내솥의 기름을 가열합니다. 당근, 셀러리, 피망, 양파를 넣고 자주 저어주면서 양파가 부드러워질 때까지 약 **3** 분간 조리합니다. 취소를 누릅니다.
익힌 퀴노아에 볶은 야채를 넣습니다. 토마토, 오이, 파를 넣고 저어주세요. 백리향을 위에 뿌립니다. 비네그레트 약 **3** 테이블스푼(**45ml**)으로 샐러드를 드레싱하고 뒤척여 곡물과 야채를 코팅합니다. 원하는 경우 비네그레트를 더 추가하여 조미료를 맛보고 조정합니다. 샐러드를 냉장고에 넣고 서빙할 준비가 될 때까지 식힙니다. 휴식을 취하면서 맛이 섞일 것입니다. 서빙하기 전에 다시 던지십시오. 시원하게 또는 실온에서 드실 수 있습니다.

수확량: **4~6** 인분

51. 사프란 리조또

재료

사프란 실 1/2 작은술

끓는 물 3 테이블스푼(45ml)

올리브 또는 식물성 기름 1 테이블스푼(15ml) 잘게 다진 중간 크기 양파 1/2 개

다진 마늘 1 쪽

Arborio 또는 Carnaroli 쌀 11/2 컵(285g)(다른 종류의 쌀로 대체하지 마십시오)

드라이 화이트 와인 2 테이블스푼(30ml)(선택 사항)

물 415ml(13/4 컵)

야채 육수 2 컵(470ml)을 나누어

코셔 소금 또는 고운 바다 소금 1/2 티스푼

갓 간 후추 1/4 작은술

2 테이블스푼(28g) 무염 버터 또는 Earth Balance 와 같은 유제품이 없는/비건 대체품

갓 갈은 레몬 제스트 1 티스푼(선택 사항)

냉동 완두콩 1 컵(150g)

강판에 간 파마산 치즈(선택 사항, 유제품이 없고 비건인 경우 생략)

지도

작은 그릇에 사프란을 뜨거운 물에 담급니다.

Sauté 를 눌러 압력솥의 내솥을 가열합니다.

오일을 넣고 노릇해질 때까지 가열한 다음 양파와 마늘을 넣고 볶습니다. 양파가 약간 부드러워질 때까지 약 4 분간 자주 저어가며 요리합니다. 쌀을 넣고 저어 모든 곡식에 기름을 입힙니다. 와인을 붓고 흡수될 때까지 요리합니다. 물에 저어,

육수 11/2 컵(355ml), 불린 물과 사프란, 소금과 후추. 냄비 바닥에 갈색 조각이 달라붙지 않도록 저어주세요. 취소를 누릅니다.

뚜껑을 닫고 잠그고 핸들이 밀봉 위치에 있는지 확인합니다. 고압으로 4 분간 조리합니다. 완료되면 8 분 동안 자연스럽게 압력을 푼 다음 손잡이를 벤팅 위치로 돌리고 빠르게 남은 압력을 풉니다. 뚜껑의 잠금을 해제하고 조심스럽게 엽니다.

부드러워지고 모든 액체가 섞일 때까지 쌀을 저어줍니다. 녹을 때까지 버터를 저어 밥이 크림화됩니다. 레몬 제스트와 완두콩을 저어주세요. 뚜껑을 닫고 완두콩을 3 분간 뜸을 들입니다. 필요한 경우 더 많은 소금이나 후추로 조미료를 맛보고 조정하십시오.

완두콩이 골고루 퍼지도록 밥을 저어주세요. 더 크리미하고 느슨한 질감을 원하면 남은 육수 **1/2** 컵**(120ml)**을 넣고 저어줍니다.
국자를 그릇에 담고 원하는 경우 각각 파마산 치즈를 약간 뿌린 후 제공합니다.

수율: **4** 인분

52. 바삭한 베이컨을 곁들인 크리미한 맥앤치즈

재료

잘게 썬 베이컨 4 장

작은 양파 1/2 개

물 880ml(33/4 컵)

익히지 않은 엘보 마카로니 340g(12 온스)

코셔 소금 또는 고운 바다 소금 11/2 티스푼

무가당 연유 또는 전유 1 캔(12 온스 또는 340g)

마른 겨자 가루 1 티스푼

후추 1 티스푼

육두구 1/2 작은술(선택사항)

엑스트라 샤프 체다 치즈 24 온스(672g)

잘게 썬 폰티나 또는 몬테레이 잭 치즈 227g(8 온스)

파마산 치즈 간 것 56g(2 온스)

매운 고추 소스, 맛

지도

전기 압력솥에서 Sauté 를 누릅니다. 뜨거울 때 내솥에 베이컨을 넣고 비삭해질 때까지 저어가며 익힙니다. 식히기 위해 종이 타월이 깔린 접시로 옮깁니다. 내솥의 기름은 2 테이블스푼(30ml)만 남기고 모두 제거합니다. 양파를 넣고 완전히 부드러워질 때까지 약 5 분간 저어가며 조리합니다. 취소를 누릅니다.

내솥에 물, 파스타, 소금을 넣습니다. 파스타가 액체로 완전히 덮이도록 저어줍니다. 뚜껑을 닫고 잠그고 스팀 방출 핸들이 밀봉 위치에 있는지 확인합니다. 1 분간 고압으로 조리합니다.

완료되면 4 분 동안 자연적으로 압력을 뺀 후 벤팅과 실링 사이에 핸들을 움직여서 증기를 조금씩 내면서 천천히 나머지 압력을 배출하십시오. 핫 패드를 사용하여 손을 보호하십시오. 증기가 모두 배출되면 뚜껑을 열고 조심스럽게 엽니다.

파스타를 테스트하십시오. 부드럽고 너무 질기지 않아야합니다. 요리를 마치면 요리가 계속됩니다. 시간이 더 필요하면 압력솥의 뚜껑을 다시 덮고 몇 분 동안 그대로 둡니다.

우유, 겨자 가루, 후추, 육두구를 익힌 파스타에 넣고 저어줍니다. 골고루 분산될 때까지 혼합합니다. 한 번에 조금씩 치즈를 넣고 녹을 때까지 저어 크림처럼 만듭니다. 원하는 경우 약간의 고추 소스를 추가하십시오. 소스가 너무 걸쭉해지면 뜨거운 물 1/4 컵(60ml) 이상을 넣어 묽게 만듭니다. 필요한 경우 조미료를 맛보고 조정하십시오. 베이컨을 부숴서 위에 뿌린다. 즉시 봉사하십시오.

분량 : 약 4 인분

53. 미트 소스를 곁들인 클래식 라자냐

재료

미트 소스용

올리브 또는 식물성 기름 1 테이블스푼(15ml) 간 쇠고기 1/2 파운드(227g)

다진 돼지고기(소시지 제외) 227g(1/2 파운드)

중간 양파 1 개, 잘게 썬 것

다진 마늘 2 쪽

으깬 것 480g(2 컵)

말린 오레가노 1 큰술

통회향씨 1/4 작은술

코셔 소금 또는 고운 바다 소금 2 티스푼(12g) 갓 간 후추 1/2 티스푼

치즈 혼합물

리코타 치즈 240g(1 컵)

파마산 치즈 간 것 1/2 컵(50g)

다진 신선한 바질 잎 2 큰술(5g)

2 티스푼(1g) 말린 오레가노 1/2 티스푼 코셔 또는 고운 바다 소금

갓 간 후추 1/2 작은술 조립용

1/2(10 온스 또는 283g) 박스 오븐용 라자냐 국수

잘게 썬 모짜렐라 치즈 11/2 컵(180g) 파마산 치즈 간 것 1/4 컵(25g) 장식용

다진 바질 잎 추가

요리 냄비

물 355ml(11/2 컵)

지도

7 인치(18cm) 원형 스프링폼 팬 또는 푸시 팬(치즈 케이크를 만들 때 사용하는 것과 같은)의 바닥에 양피지를 깔습니다. 양피지 스트립으로 측면을 정렬하십시오. 팬 바닥을 호일로 감싸 액체를 담습니다. 따로.

미트 소스

전기 압력솥에서 Sauté 를 누릅니다. 내솥에 기름을 두르고 고기를 굽습니다.
숟가락이나 가장자리가 납작한 주걱을 사용하여 덩어리를 부수어 조각을 최대한 작게 만듭니다. 양파와 마늘을 넣고 양파가 부드러워질 때까지 약불에서 볶습니다.
4 분. 토마토, 오레가노, 회향 씨, 소금, 후추를 넣고 저어줍니다. 5 분 정도 끓이면 맛이 잘 어우러집니다. 소스를 맛보고 필요한 경우 소금이나 후추를 더 추가합니다.
그릇에 붓는다. 내솥을 청소하십시오.

치즈 혼합물

그릇에 리코타 치즈, 파마산 치즈, 바질, 오레가노, 소금, 후추를 포크로 부드러워질 때까지 저어줍니다.

집회

준비된 베이킹 팬의 바닥을 약간의 소스로 덮습니다. 팬 바닥의 단일 층에 맞게 라자냐 국수를 부수십시오.

더 많은 소스, 리코 타 혼합물의 절반, 모짜렐라의 1/3 로 파스타를 덮으십시오. 두 번 더 반복하되 매번 국수 층을 부드럽게 눌러 약간 압축합니다. 마지막 층은 소스와 모짜렐라입니다. 상단에 파마산을 뿌립니다.

들러붙지 않는 야채 스프레이(밀가루 없음)를 호일 조각에 뿌리고 뿌린 면이 아래로 향하도록 팬 위에 놓습니다. 증기를 차단하기 위해 호일의 가장자리를 가볍게 압착하십시오.

내솥 바닥에 물을 붓습니다. 바닥에 삼발이를 놓습니다. 삼발이에 팬을 놓으십시오. 뚜껑을 닫고 잠그고 증기 배출 손잡이가 밀봉 위치에 있는지 확인합니다. 24 분 동안 고압으로 조리합니다. 완료되면 10 분 동안 자연적으로 압력을 해제한 다음 스팀 해제 핸들을 벤팅으로 돌려 남아 있는 스팀을 배출합니다. 뚜껑의 잠금을 해제하고 조심스럽게 엽니다.

냄비에서 팬을 들어 올리고 호일을 제거한 다음 칼을 여러 곳에 삽입하십시오. 저항이 없어야 합니다. 베이킹 시트에 팬을 놓습니다. 원하는 경우 브로일러 아래에 올려 치즈를 갈색으로 올려줍니다. 오븐에서 꺼내 10 분 동안 그대로 두었다가 먹기 전에 잘라서 각 조각 위에 다진 바질을 조금 뿌립니다.

수율: 4 인분

54. 야채 마카로니 샐러드

재료

엘보 마카로니 340g(12 온스)

올리브 또는 식물성 기름

코셔 소금 또는 고운 바다 소금 21/2 티스푼(15g), 나누어서

Girard's Olde Venice 이탈리안 드레싱과 같은 이탈리안 샐러드 드레싱 1/2 ~ 3/4 컵(120 ~ 180ml)

설탕 1 작은술(선택 사항)

갓 간 후추 1/2 작은술 양파 가루 1/2 작은술

셀러리 씨 가루 1/4 작은술

손질하고 잘게 썬 scallions 3 개

손질하고 잘게 썬 셀러리 2 줄기

씨를 빼고 잘게 다진 붉은 피망 2 개

잘게 썬 큰 오이 1 개

반으로 자른 방울토마토 150g(1/2 파인트)

얇게 썬 블랙 올리브 1/2 컵(50g)

다진 신선한 파슬리 3 큰술(9g)

지도

전기 압력솥의 내솥에 파스타를 넣습니다. 파스타가 1 인치(5cm) 잠기도록 깨끗한 물을 추가합니다. 물에 소금 2 티스푼(12g)을 넣고 저어 파스타가 냄비 바닥에 달라붙지 않도록 합니다.

뚜껑을 닫고 잠급니다. 스팀 방출 핸들이 밀봉 위치에 있습니다. 1 분간 고압으로 조리합니다. 완료되면 4 분 동안 자연적으로 압력을 해제한 다음 스팀 해제 핸들을 벤팅으로 돌려 남은 스팀을 배출합니다. 압력 밸브가 떨어지면 뚜껑을 열고 조심스럽게 엽니다. 파스타를 소쿠리에 붓고 찬물로 헹구어 익힌 다음 물기를 완전히 뺍니다. 큰 믹싱 볼로 옮깁니다.

그릇에 드레싱, 설탕(사용하는 경우), 소금 1/2 티스푼, 후추, 양파 가루, 셀러리 씨를 함께 휘젓습니다. 파스타 위에 1/2 컵(120ml)을 붓고 야채와 파슬리를 넣고 저어가며 고르게 분포되고 모든 것이 드레싱으로 덮일 때까지 섞습니다. 조미료를 맛보고 조정하며 필요한 경우 드레싱을 더 추가합니다. 제공할 준비가 될 때까지 뚜껑을 덮고 냉장고에 보관하십시오.

수확량: 8~10 인분

55. 레몬 크림 소스의 새우와 파스타

재료

파스타를 위해

펜네 파스타 340g(12 온스)

코셔 소금 또는 고운 바다 소금 올리브 오일 1 티스푼

새우를 위해

올리브 오일 또는 식물성 오일 1 테이블스푼(15ml)

다진 중간 샬롯 1 개

껍질을 벗기고 내장을 제거한 중간 생 새우 680g(11/2 파운드)

다진 신선한 딜 1/2 작은술

취향에 따라 코셔 소금 또는 고운 바다 소금과 갓 갈은 후추

레몬크림소스에

무염 버터 3 큰술(42g)

헤비 크림 또는 연유 11/2 컵(355ml)

껍질을 벗긴 마늘 11/2 쪽

갓 짜낸 레몬 주스 2 티스푼(10ml)

잘게 간 레몬 제스트 2 티스푼(4g)

갈은 파마산 치즈 11/4 컵(125g)

취향에 따라 소금과 갓 갈은 후추

장식용으로 잘게 썬 신선한 이탈리안 파슬리 또는 골파

지도

파스타

압력솥 내솥에 파스타를 넣습니다. 파스타가 1 인치(5cm) 잠길 만큼 물을 붓습니다. 파스타가 팬 바닥에 달라붙지 않도록 저어주세요. 물에 소금을 뿌린다. 뚜껑을 닫고 잠그고 증기 배출 손잡이가 밀봉 위치에 있는지 확인합니다. 2 분간 고압으로 조리합니다.

완료되면 3 분 동안 자연적으로 압력을 해제한 다음 스팀 해제 핸들을 밀봉 위치와 배출 위치의 중간으로 돌려 제어 해제합니다. 핫 패드로 손을 보호하십시오. 스팀이 모두 배출되면 취소를 누르십시오. 뚜껑의 잠금을 해제하고 조심스럽게 엽니다. 파스타를 소쿠리에 붓고 물기를 뺀 다음, 서로 붙지 않도록 약간의 기름과 함께 버무립니다. 내솥을 닦아 주십시오.

새우

Sauté 를 누르고 내솥을 가열합니다. 기름을 넣고 뜨거울 때 샬롯을 저어줍니다. 색이 막 나타날 때까지 약 1 분 동안 조리합니다. 새우와 딜을 넣고 버무려 기름을 입힙니다. 새우가 불투명해지고 양쪽 면이 분홍색으로 변할 때까지 자주 저어주면서 익힐 때까지 각각 1~2 분씩 익힙니다. 소금과 후추를 살짝 뿌린다. 슬롯형 스푼을 사용하여 냄비에서 새우를 꺼내고 파스타에 추가합니다. 따뜻하게 유지하기 위해 덮으십시오.

레몬 크림 소스

내솥에 버터를 넣고 완전히 녹을 때까지 데우십시오. 크림, 마늘, 레몬 주스, 제스트를 넣고 휘젓습니다. 따뜻해질 때까지 요리하고 타지 않도록 자주 저어줍니다. 마늘을 버리십시오. 파마산 치즈 1 컵(100g)을 넣고 부드러워질 때까지 휘젓습니다. 취소를 누릅니다. 필요한 경우 소금과 후추로 조미료를 맛보고 조정하십시오.

파스타와 새우를 소스에 넣고 저으면서 각 조각을 완전히 코팅합니다. 뚜껑을 닫고 몇 분 동안 그대로 두거나 파스타와 새우가 완전히 익을 때까지 둡니다. 소스가 너무 걸쭉해지면 물 한 방울을 추가합니다.

서빙하려면 파스타와 새우를 그릇에 담고 남은 파마산 치즈 1 테이블스푼(6g)과 약간의 파슬리를 각 서빙의 상단에 뿌립니다. 뜨겁게 서빙하십시오.

수율: 4 인분

돼지고기 안심 마살라와 펜네 파스타

재료

펜네 파스타 227g(8 온스)
코셔 소금 또는 고급 바다 소금 2 티스푼(12g), 취향에 따라 추가
올리브 또는 식물성 기름 2 테이블스푼(30ml), 나누어서 추가
돼지고기 안심 1 개(약 11/2 파운드 또는 680g)
잘게 썬 판체타 또는 베이컨 4 장
잘게 썬 작은 양파 1 개
다진 마늘 1 쪽
스위트 마르살라 와인 또는 치킨 스톡 3/4 컵(180ml)
치킨 스톡 1/4 컵(60ml)
신선한 백리향 여러 가지
옥수수 전분 2 큰술(16g)
시원한 물 45ml(3 테이블스푼) 필요에 따라 갓 갈은 후추 장식용으로 다진 신선한 파슬리
크레미니 또는 포르치니 버섯 8 온스(227g), 줄기를 제거하고 반으로 자르거나 4 등분

지도

전기압력밥솥 내솥에 펜네를 넣습니다. 냄비에 5cm(1 인치)가 잠기도록 깨끗한 물을 채웁니다. 소금을 저어주세요. 뚜껑을 닫고 잠그고 증기 배출 손잡이가 밀봉 위치에 있는지 확인합니다. 2 분간 고압으로 조리합니다. 완료되면 3 분 동안 자연적으로 압력을 해제한 다음 밀봉 위치와 배출 위치 사이의 중간에 핸들을 잡고 제어 해제를 수행합니다. 핫 패드로 손을 보호하십시오. 스팀이 모두 배출되면 취소를 누르십시오. 뚜껑의 잠금을 해제하고 조심스럽게 엽니다. 파스타를 소쿠리에 붓고 물기를 뺍니다. 기름을 약간 두르고 서로 달라붙지 않도록 버무려 주세요. 따로 보관하고 가끔 저어주세요.
소테를 누르고 내솥에 기름 1 테이블스푼(15ml)을 가열합니다. 뜨거울 때 돼지고기를 넣는다. 각 면을 3 분간 갈색으로 바꿉니다. 보온에 도움이 되도록 돼지고기를 호일과 함께 접시와 텐트로 옮깁니다. 남은 오일을 냄비에 넣습니다. 판체타를 넣고 약간 바삭해질 때까지 약 4 분간 자주 저어가며 요리합니다. 판체타를 그릇에 옮깁니다. 지방은 2 테이블스푼(30ml)만 남기고 모두 제거합니다. 냄비에 양파를 넣고

부드러워질 때까지 3 분간 저어가며 조리합니다. 마늘을 넣고 30 초간 볶다가 버섯을 넣고 볶는다. 자주 저어주면서 2 분간 조리합니다.

마르살라 와인과 치킨 스톡을 붓습니다. 팬 바닥을 긁어 갈색으로 변한 부분을 풉니다. 돼지고기와 육즙을 다시 냄비에 옮깁니다. 익힌 판체타를 넣습니다. 뚜껑을 닫고 잠그고 증기 배출 손잡이가 밀봉 위치에 있는지 확인합니다.

5 분간 고압으로 조리합니다. 완료되면 7 분 동안 자연적으로 압력을 해제한 후 스팀 해제 핸들을 벤팅으로 돌려 남은 스팀을 배출합니다. 뚜껑의 잠금을 해제하고 조심스럽게 엽니다. 취소를 누릅니다.

냄비에서 돼지고기를 꺼내 즉시 판독 온도계로 중앙이 최소 140°F 에 도달했는지 확인합니다(시간이 더 필요한 경우 냄비에 다시 넣고 몇 분 더 불에 둡니다). 도마 위에 놓고 뚜껑을 덮고 따뜻하게 유지합니다.

냄비에 백리향을 추가합니다. 작은 그릇에 옥수수 전분과 물을 넣고 완전히 녹을 때까지 휘젓습니다. Sauté 를 누르고 옥수수 전분 슬러리를 냄비의 요리 액체에 휘젓습니다. 걸쭉해질 때까지 계속 저어가며 요리합니다. 필요한 경우 조미료를 맛보고 조정하십시오.

파스타를 소스에 저어주고 안심을 냄비에 다시 넣습니다. 뚜껑을 닫고 1~2 분 동안 그대로 두어 파스타를 다시 데웁니다. 취소를 누릅니다.

돼지고기를 두툼하게 썬다. 접시 사이에 돼지고기를 나누고 파스타 일부를 추가하고 소스와 버섯을 얹고 파슬리를 뿌린 다음 뜨겁게 서빙합니다.

수확량: 3~4 인분

메인 코스

56. 클래식한 통구이 치킨

재료

통닭 1 마리(3~5 파운드 또는 1362~2270g)
소금 1 테이블스푼(18g)을 나누어
레몬 1 개, 반으로 자른다
양파 1 개, 4 등분
갓 간 후추 2 티스푼(4g)
파프리카 2 티스푼(4g)
말린 타임 1 티스푼
물 1 컵(235ml)
오일 또는 녹인 무염 버터(옵션, 바삭한 피부용)

지도

닭의 구멍에서 곱창이나 기타 내장을 제거하십시오. 종이 타월로 가볍게 두드려 말립니다. 닭고기 안에 소금 1 티스푼(6g)을 뿌립니다. 자른 레몬과 양파 조각을 닭 구멍 안에 넣습니다. 남은 2 티스푼(12g)의 소금, 후추, 파프리카, 타임을 닭고기 위에 골고루 뿌립니다.

전기압력밥솥 내솥에 삼발이를 넣고 물을 붓습니다. 삼발이 위에 양념한 닭가슴살을 위로 향하게 올려주세요.
뚜껑을 닫고 잠그고 증기 방출 손잡이가 밀봉 위치에 있는지 확인합니다.
파운드(454g)당 6 분 동안 고압으로 조리합니다.

수율: 4 인분

57. BBQ 바이베뷰립

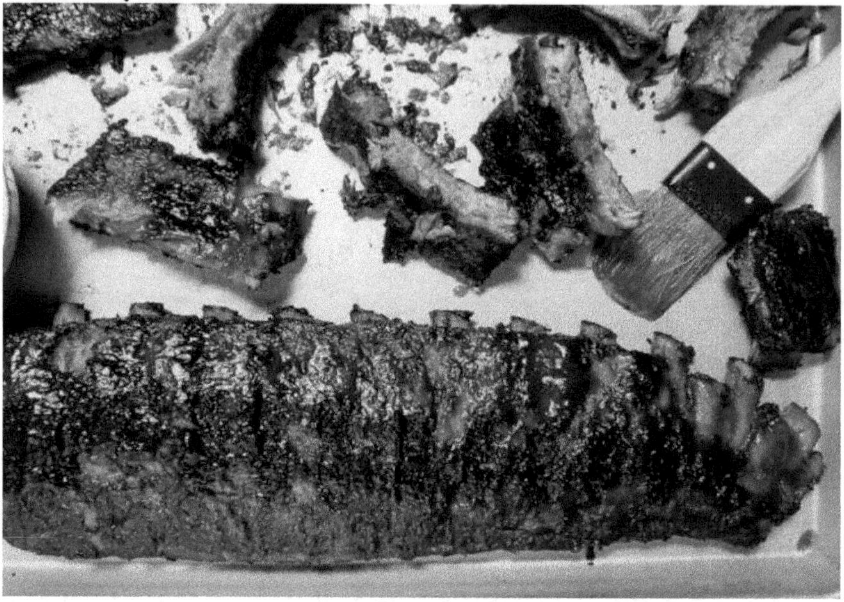

재료

베이비 백 립 1 개(3 파운드 또는 4kg) 랙

황설탕 2 큰술(30g)

훈제 파프리카 1 테이블스푼(6g)

칠리 파우더 1 테이블스푼(6g)

코셔 소금 또는 고운 바다 소금 1 테이블스푼(18g)

말린 타임 잎 2 티스푼(1g)

양파 가루 2 티스푼(2g)

마늘 가루 1 티스푼

갓 간 후추 1 티스푼

좋아하는 바베큐 소스

요리 냄비

물 295ml(11/4 컵)

지도

갈비 뼈 쪽이 위로 향하도록 베이킹 시트에 놓고 표면을 덮고 있는 막을 제거합니다.

내솥 바닥에 삼발이를 놓고 물을 붓습니다.

작은 그릇에 황설탕, 훈제 파프리카, 칠리 파우더, 소금, 타임, 양파 파우더, 마늘 파우더, 후추를 함께 섞습니다. 갈비의 모든면에 양념 믹스를 문지릅니다. 내솥 가장자리에 갈비뼈를 세웁니다.

뚜껑을 닫고 잠그고 증기 배출 손잡이가 밀봉 위치에 있는지 확인합니다. 17 분간 고압으로 조리합니다. 다 되면 10 분간 자연스럽게 압력을 뺀 후 핸들을 벤팅 쪽으로 옮겨 남은 스팀을 빼줍니다. 뚜껑의 잠금을 해제하고 조심스럽게 엽니다. 취소를 누릅니다.

집게를 사용하여 갈비뼈를 깨끗한 베이킹 시트로 옮깁니다. 육계를 예열하십시오. 갈비 한쪽에 바비큐 소스를 살짝 발라줍니다. 소스가 보글보글 끓을 때까지 갈비를 브로일러 아래로 몇 분 동안 밀어 넣습니다. 조각을 뒤집고 더 많은 소스를 바르면서 굽는 과정을 반복합니다. 갈비뼈가 타지 않도록 잘 살펴보세요.

테이블에 추가 소스를 전달하면서 뜨거울 때 서빙하십시오.

수확량: 2~3 인분

58. 엄마의 고등어 소금구이

재료

뼈 없는 척 로스트 1 개(3 파운드 또는 4kg)

코셔 소금 또는 고운 바다 소금 3/4 티스푼

갓 간 후추 1/2 작은술

올리브 오일 2 테이블스푼(30ml)

쇠고기 육수 470ml(2 컵)

1/2 컵(120ml) 드라이 레드 와인 또는 물 굵게 다진 큰 양파 1 개 다진 마늘 1 쪽

월계수 잎 2 개

말린 로즈마리 잎 1 작은술

껍질을 벗기고 큰 덩어리로 자른 큰 황갈색 감자 3 개

손질하여 큰 덩어리로 자른 큰 당근 4 개

시원한 물 1/4 컵(60ml)

옥수수 전분 또는 감자 전분 2 테이블스푼(16g)

냉동 완두콩 50g(1/3 컵)(선택 사항)

잘게 썬 신선한 파슬리 2 테이블스푼(6g)

지도

종이 타월로 고기를 두드려 물기를 제거하고 소금과 후추로 간을 합니다. Sauté 를 누르고 내솥에 기름을 붓습니다. 기름이 반짝거리면 고기를 넣고 양면을 5 분씩 굽습니다. 육수와 와인을 넣고 저어 팬 바닥에 갈색으로 변한 부분을 풀어줍니다. 양파, 마늘, 월계수 잎, 로즈마리를 저어주세요. 취소를 누릅니다.

뚜껑을 닫고 잠그고 증기 배출 손잡이가 밀봉 위치에 있는지 확인합니다. 70 분간 고압으로 조리합니다.

작업이 끝나면 12 분 동안 냄비의 압력이 자연적으로 배출되도록 한 다음 스팀 배출 핸들을 벤팅 방향으로 돌려 남아 있는 스팀을 배출합니다. 뚜껑의 잠금을 해제하고 조심스럽게 엽니다.

재빨리 감자와 당근을 냄비에 넣고 뚜껑을 닫은 다음 스팀 해제 손잡이를 밀봉 위치로 설정하고 다시 압력을 가한 다음 고압으로 3 분 동안 조리합니다. 핸들을 환기구로 이동하고 증기를 방출합니다. 뚜껑의 잠금을 해제하고 조심스럽게 엽니다.

슬롯형 스푼과 집게를 사용하여 고기와 야채를 플래터로 옮깁니다. 월계수 잎과 텐트를 포일로 덮어 보온을 유지합니다. 취소를 누릅니다.

작은 그릇에 물과 옥수수 전분을 함께 휘젓습니다. 휘젓는 동안 완전히 섞일 때까지 옥수수 전분 슬러리를 요리 액체에 천천히 붓습니다. **Sauté** 를 누르고 냄비에 있는 액체를 계속 저으면서 끓입니다. **1** 분 정도 걸쭉해질 때까지 익힌 다음 맛을 보고 필요에 따라 양념을 조절하세요. 취소를 누릅니다.
완두콩을 볶은 다음 고기와 야채를 냄비에 다시 넣고 소스에 저어줍니다. 냄비에 뚜껑을 덮고 **4** 분 동안 또는 완두콩이 해동되고 고기가 완전히 가열될 때까지 그대로 둡니다.
고기와 야채를 소스와 함께 그릇에 담고 다진 파슬리를 뿌린 다음 제공합니다.

수확량: **4~6** 인분

59. 남서부 미트로프

재료

올리브 또는 식물성 기름 1 테이블스푼(15ml) 잘게 다진 큰 양파 1/2 개

셀러리 2 줄기, 아주 잘게 썬다

아주 잘게 썬 당근 2 개

씨를 제거하고 아주 잘게 썬 빨간 피망 1 개

살코기 다진 쇠고기 454g(1 파운드)

우스터셔 소스 1 테이블스푼(15ml)(Lea & Perrins 브랜드는 글루텐이 없습니다)

다진 신선한 고수 2 티스푼(1g)

멸치 고추 가루 또는 칠리 가루 2 티스푼(4g)

코셔 소금 또는 고운 바다 소금 1 티스푼

간 커민 1 티스푼

갓 간 후추 1/2 작은술 마늘 가루 1/4 작은술(마늘 소금 아님)

바비큐 소스 1/4 컵(60ml)

물 1 컵(60ml)

지도

전기 압력솥에서 **Sauté** 를 누릅니다. 내솥이 뜨거워지면 기름을 넣습니다. 양파, 셀러리, 당근, 후추를 넣고 양파가 부드러워질 때까지 자주 저어주면서 **3~5** 분간 조리합니다. 취소를 누릅니다. 기계에서 내솥을 꺼내어 따로 보관하여 약간 식힙니다.
그릇에 고기와 우스터셔, 양념을 넣고 골고루 양념이 될 때까지 손으로 섞습니다. 식힌 야채를 넣고 접습니다. 고기가 고르게 분포되면 직경이 약 **6** 인치**(15cm)**인 둥근 원판에 고기를 두드리고 **7** 인치**(18cm)**의 둥근 베이킹 팬에 넣습니다. 덩어리 위에 바비큐 소스를 바르십시오. 호일로 팬을 덮으십시오. 내솥을 닦아 주십시오.
내솥 바닥에 삼발이를 놓고 물을 붓습니다. 미트 로프를 손잡이나 슬링이 있는 랙에 놓고 삼발이 위에 놓습니다. 뚜껑을 닫고 잠그고 증기 배출 손잡이가 밀봉 위치에 있는지 확인합니다. **22** 분 동안 또는 즉석 온도계를 미트 로프 중앙에 넣었을 때 최소 **160°F(71°C)**가 기록될 때까지 고압으로 요리합니다.
다 끝나면 **8** 분간 자연스럽게 압력을 뺀 후 핸들을 벤팅 위치로 옮겨 나머지 압력을 풉니다. 뚜껑의 잠금을 해제하고 조심스럽게 엽니다.
내솥에서 슬링을 들어 올리고 팬에서 호일을 조심스럽게 제거한 다음 미트 로프를 베이킹 시트로 옮깁니다. 원하는 경우 육계 아래로 몇 분 동안 밀어 윗면이 갈색이 되도록 할 수 있습니다.
서빙할 조각으로 자르고 테이블에서 추가 바비큐 소스를 전달합니다.

수율: **4** 인분

60. 쉬운 그레이비로 칠면조 가슴살 구이

재료

터키를 위하여

올리브유 또는 식물성 기름 3 테이블스푼(45ml)
칠면조 가슴살 1 개(4~5 파운드 또는 8~3kg)
다진 신선한 타임 3 큰술(6g)
다진 신선한 로즈마리 2 테이블스푼(6g)
소금 2 티스푼(12g)
갓 간 후추 1 테이블스푼(6g)
다진 마늘 5 쪽
무염 버터 2 테이블스푼(28g)
중간 양파 1/2 개, 얇게 썬 것
치킨 스톡 1 컵(235ml)
그레이비를 위해
무염 버터 3 큰술(42g)
옥수수 전분 또는 감자 전분 3 큰술(24g)
1/2 컵(120ml) 반반씩 소금과 후추

지도

칠면조

칠면조 가슴살 전체에 오일 1 테이블스푼(15ml)을 뿌립니다. 타임, 로즈마리, 소금, 후추, 다진 마늘로 코팅합니다.

전기 압력솥에서 Sauté 를 누릅니다. 내솥이 뜨거워지면 버터 2 큰술(28g)과 나머지 올리브유 2 큰술(30ml)을 넣습니다. 버터가 녹으면 칠면조 가슴살을 넣고 약 8 분 동안 모든 면을 굽습니다. 칠면조가 노릇노릇해지면 접시나 도마로 옮깁니다.

남은 칠면조 지방에 양파를 넣고 부드러워질 때까지 3~4 분간 볶습니다. 취소를 누릅니다.

냄비에 국물을 추가합니다. 갈색으로 변한 부분이 긁히도록 저어주세요. 내솥 바닥의 양파 위에 삼발이를 놓습니다. 삼발이 위에 갈색 칠면조를 놓습니다.

뚜껑을 닫고 잠그고 증기 방출 손잡이가 밀봉 위치에 있는지 확인합니다. 35 분간 고압으로 조리합니다. 칠면조가 다 익으면 15 분 동안 자연스럽게 놓아두었다가 손잡이를 환기구로 옮기고 남은 증기를 배출합니다.

플로트 핀이 떨어지면 뚜껑의 잠금을 해제하고 조심스럽게 엽니다.

순간 판독 온도계로 칠면조를 확인하여 최소 165°F(74°C)인지 확인하십시오. 그렇지 않은 경우 뚜껑을 다시 닫고 10 분 자연 방출과 함께 4~5 분 더 고압으로 조리합니다. 칠면조가 안전한 165°F(74°C)에 도달하면 압력솥에서 꺼내 도마로 옮깁니다. 칠면조 가슴살을 알루미늄 호일로 덮고 슬라이스하기 전에 15 분 동안 그대로 둡니다.

육수

압력솥에서 칠면조 가슴살을 꺼낸 후 Sauté 를 누릅니다. 팬 바닥에 있는 액체에 버터 3 테이블스푼(42g)을 추가합니다. 버터가 녹을 때까지 요리하십시오.

작은 그릇에 옥수수 전분과 끓이는 액체 3 테이블스푼(45ml)을 함께 휘저어 슬러리를 만듭니다. 슬러리를 다시 냄비에 넣고 그레이비가 걸쭉해질 때까지 약 2 분 동안 계속 휘젓습니다. 하프 앤 하프를 추가하고 완전히 가열될 때까지 저어줍니다. 맛에 소금과 후추를 추가합니다.

얇게 썬 칠면조 가슴살 위에 그레이비를 붓고 서빙합니다.

수율: 8 인분

61. 새우와 밀가루

재료

새우를 위해

껍질을 벗기고 내장을 제거한 새우 454g(1 파운드)
1 테이블스푼(3g) 올드 베이 시즈닝(올드 베이는 글루텐이 없습니다)
다진 훈제 베이컨 3 조각(Applegate Farms 에는 베이컨이 있음)
다진 중간 크기의 노란 양파 1 개
씨를 제거하고 다진 빨강 또는 녹색 피망 1 개
다진 마늘 3 쪽
치킨 스톡 1/2 컵(120ml)
통조림 토마토 1 개(15 온스 또는 406g)
갓 짜낸 레몬즙 2 테이블스푼(30ml)
1/2 티스푼 타바스코 또는 매운 소스, 맛을 내기 위해 1/2 티스푼 소금
신선한 간 후추 1/2 작은술 헤비 크림 1/4 컵(60ml)
녹색 부분만 얇게 썬 파 25g(1/4 컵)
그릿을 위해
그릿 105g(3/4 컵)(예: Bob's Red Mill 거친 옥수수 그릿)
전유 11/2 컵(355ml) 물 11/2 컵(355ml) 소금 1/2 티스푼
신선한 간 후추 1/2 작은술
무염 버터 2 테이블스푼(28g)

지도

새우

새우를 두드려 물기를 제거하고 Old Bay Seasoning 을 뿌린 다음 따로 보관합니다.

전기 압력솥에서 Sauté 를 누릅니다. 내솥이 뜨거워지면 잘게 썬 베이컨을 넣고 비삭해질 때까지 3~5 분간 조리합니다. 베이컨을 페이퍼 타올을 댄 접시에 옮기되 냄비에 떨어지는 베이컨은 그대로 둡니다. 냄비에 양파와 피망을 넣고 양파가 부드럽고 반투명해질 때까지 2~3 분간 조리합니다. 마늘을 넣고 향이 날 때까지 30 초 더 끓입니다.

닭고기 육수를 냄비에 넣고 잘 저어 바닥에서 갈색 조각이 나오도록 합니다. 토마토와 주스, 레몬 주스, 매운 소스, 소금, 후추를 추가합니다. 섞어서 섞는다. 취소를 누릅니다. 냄비에 삼발이를 놓습니다. 삼발이 바닥이 소스 위에 오도록 합니다.

거칠게 탄 옥수수

압력솥에 맞는 중간 크기의 유리 또는 스테인리스 스틸 그릇에 밀가루, 우유, 물, 소금, 후추를 함께 휘젓습니다. 보울을 알루미늄 호일로 덮고 가장자리를 압착하여 밀봉합니다. 호일 슬링을 사용하여 내솥 안의 삼발이 위에 그릇을 조심스럽게 놓습니다. 뚜껑을 닫고 잠그고 증기 배출 손잡이가 밀봉 위치에 있는지 확인합니다. 10 분간 고압으로 조리합니다. 15 분 동안 자연적인 압력 방출을 허용한 다음 손잡이를 환기 위치로 돌려 남아 있는 증기를 방출합니다. 플로트 핀이 떨어지면 뚜껑의 잠금을 해제하고 조심스럽게 엽니다. 그릿과 함께 그릇을 제거하고 따로 보관하십시오.
한 쌍의 집게를 사용하여 냄비에서 삼발이를 꺼냅니다. 냄비에 양념한 새우를 넣습니다. 뚜껑을 다시 닫고 잠그면 새우가 여열로 6~8 분간 익을 수 있습니다.
새우가 요리되는 동안 밀가루에 버터를 넣고 버터가 완전히 녹고 혼합물이 크림처럼 될 때까지 휘젓습니다.
압력솥을 열고 새우를 살살 저어주세요. 취소를 누릅니다. Sauté 를 누른 다음 크림을 새우 혼합물에 저어줍니다. 완전히 따뜻해질 때까지 가열하고 계속 저어줍니다. 소스를 끓이지 마십시오.
그릿을 개별 서빙 접시에 숟가락으로 얹은 다음 새우와 소스를 얹습니다. scallions 와 예약 베이컨으로 장식하십시오.

수율: 4 인분

62. 미트볼스 미트볼 스트로가노프

재료

갈은 칠면조 454g(1 파운드)

달걀 1 개

우유 2 테이블스푼(30ml)

양파 가루 1 티스푼

다진 신선한 파슬리 1/4 컵(12g)과 장식용으로 더 추가

신선한 타임 잎 1 테이블스푼(2g)

소금 1 티스푼

갓 간 후추 1 티스푼

올리브 오일 2 테이블스푼(30ml)

얇게 썬 중간 양파 1 개

다진 마늘 3 쪽

쇠고기 육수 588ml(21/2 컵)

사워크림 1/2 컵(120g)

감자 전분 2 큰술(16g)

훈제 파프리카 1 티스푼

토마토 페이스트 1 테이블스푼(15g)

쇠고기 부용 과립 1 테이블스푼(6g)

우스터셔 소스 1/2 작은술

얇게 썬 양송이버섯 227g(1/2 파운드)

옥수수 전분 2 큰술(16g)

찬물 2 테이블스푼(30ml)

지도

큰 그릇에 다진 칠면조 고기, 달걀, 우유, 양파 가루, 파슬리, 타임, 소금, 후추를 넣고 섞습니다. 미트볼 20 개(1 인치 또는 5cm) 모양을 만듭니다.

전기 압력솥에서 Sauté 를 누릅니다. 내솥이 뜨거워지면 기름을 두르고 미트볼을 한 면당 2~3 분씩 노릇하게 굽습니다. 미트볼이 갈색이 되면 서빙 접시에 옮기고 따로 보관합니다.

얇게 썬 양파를 냄비에 넣고 부드러워질 때까지 3~4 분간 조리합니다. 마늘을 넣고 향이 날 때까지 30 초 더 끓입니다. 쇠고기 육수 1 컵(235ml)을 팬에 넣고 냄비 바닥에 갈색으로 변한 부분을 긁어냅니다.

작은 그릇에 남은 비프 스톡 11/2 컵(353ml), 사워 크림, 감자 전분, 파프리카, 토마토 페이스트, 부용, 우스터 소스를 섞습니다. 잘 섞일 때까지 저어줍니다. 이미 팬에 있는 양파 혼합물에 추가합니다. 미트볼을 냄비에 다시 넣고 소스에 완전히 담급니다. 뚜껑을 닫고 잠그고 증기 배출 손잡이가 밀봉 위치에 있는지 확인합니다. 10 분간 고압으로 조리합니다.

조리 시간이 끝나면 압력솥을 끄고 20 분 동안 또는 플로트 핀이 떨어질 때까지 자연적으로 놓아두십시오. 플로트 핀이 떨어지면 뚜껑의 잠금을 해제하고 조심스럽게 엽니다.

냄비에 얇게 썬 버섯을 넣습니다. 잘 저은 후 뚜껑을 닫고 버섯이 부드러워지도록 3 분간 둡니다.

작은 그릇에 옥수수 전분과 찬물을 섞어 슬러리를 만듭니다. 전기 압력솥에서 Sauté 또는 Browning 을 다시 누르고 소스를 가열합니다. 소스가 보글보글 끓으면 옥수수 전분 혼합물을 냄비에 넣고 2 분 동안 또는 소스가 걸쭉해질 때까지 계속 휘젓습니다. 원하는 경우 추가 파슬리를 뿌립니다.

분량: 5 인분(각각 미트볼 4 개)

63. 야채리자냐

재료

올리브 오일 1 테이블스푼(15ml)
깍뚝썰기한 중간 양파 1 개
다진 마늘 4 쪽
레드 페퍼 플레이크 1 티스푼
얇게 썬 양송이버섯 140g(2 컵)
잘게 다진 당근 1 컵(120g)
잘게 썬 붉은 피망 1 컵(150g) 물 11/2 컵(355ml)
저지방 리코타 치즈 또는 작은 커드 코티지 치즈 1 컵(240g)
부분 탈지 모짜렐라 치즈 11/2 컵(180g), 분할
갈은 파마산 치즈 1 컵(100g), 나누어서
달걀 1 개
말린 오레가노 1 테이블스푼(6g)
말린 파슬리 1 티스푼
끓이지 않고 오븐에 사용할 수 있는 라자냐 국수 6~9 개
좋아하는 마리나라 소스 3 컵(750g)
다진 신선한 바질 잎 1/4 컵(10g)
중간 크기의 애호박 2 개, 세로로 얇게 썬 것

지도

전기 압력솥에서 Sauté 를 누릅니다. 내솥이 뜨거워지면 기름과 양파를 넣습니다. 2~3 분 동안 또는 양파가 부드러워지기 시작할 때까지 요리합니다. 마늘과 붉은 고춧가루를 넣고 마늘 향이 날 때까지 30 초 더 끓입니다.

냄비에 버섯, 당근, 피망을 넣습니다. 2 분 더 끓입니다. 볶은 야채를 중간 그릇에 담습니다. 과도한 액체를 배출하십시오. 따로.

냄비를 헹구고 안팎으로 잘 말리십시오. 내솥을 압력솥 본체에 다시 넣습니다. 냄비 바닥에 삼발이를 놓고 물을 추가합니다. 7 x 3 인치(18 x 6 cm) 푸쉬 팬이나 원형 케이크 팬에 들러붙지 않는 쿠킹 스프레이를 뿌립니다.

작은 그릇에 리코타 치즈, 모짜렐라 치즈 1 컵(120g), 파마산 치즈 1/2 컵(50g), 달걀, 오레가노, 파슬리를 섞습니다. 따로.

3 개의 파스타 조각을 부수어 팬 바닥에 고르게 배열합니다. 약간의 겹침은 괜찮습니다. 국수 위에 마리나라 소스 1 컵(250g)을 펴 바릅니다. 다진 바질의 절반을 소스 위에

얹습니다. 호박 조각의 절반을 추가하고 물기를 뺀 야채 혼합물의 절반을 조각 위에 펴 바릅니다. 치즈 혼합물의 절반을 야채 위에 펴서 최대한 고르게 펴 바릅니다.

파스타, 소스, 바질, 애호박, 야채 및 치즈를 다른 층으로 반복합니다. 나머지 3 장의 파스타 시트와 나머지 1 컵(250g)의 토마토 소스를 얹습니다. 남은 모짜렐라 1/2 컵(60g)과 파마산 치즈 1/2 컵(50g)을 위에 뿌립니다.

팬을 알루미늄 호일로 덮고 가장자리를 압착하여 밀봉합니다. 호일 슬링을 사용하여 라자냐 팬을 삼발이 위에 내립니다.

뚜껑을 닫고 잠그고 증기 방출 손잡이가 밀봉 위치에 있는지 확인합니다. 20 분간 고압으로 조리합니다. 조리 시간이 끝나면 10 분 동안 자연 방출되도록 한 다음 손잡이를 환기 위치로 돌려 남아 있는 증기를 방출합니다. 플로트 핀이 떨어지면 뚜껑의 잠금을 해제하고 조심스럽게 엽니다.

라자냐가 굳을 때까지 몇 분 동안 그대로 두었다가 조심스럽게 팬에서 꺼냅니다.

수율: 4 인분

64. 렌즈콩 조잡한 조

재료

식물성 기름 1 테이블스푼(15ml)
다진 큰 노란 양파 1 개
다진 마늘 5 쪽
껍질을 벗기고 작게 다진 당근 2 개
씨를 제거하고 깍뚝썰기한 녹색 피망 1 개
헹군 갈색 또는 녹색 렌틸콩 380g(2 컵)
물 또는 야채 육수 1 컵(235ml)
1(15 온스 또는 406g) 불에 구운 깍뚝썰기한 토마토 통조림
1(15 온스 또는 420g) 캔 토마토 소스
토마토 페이스트 45g(3 큰술)
황설탕 2~3 큰술(30~45g)
우스터셔 소스 2 큰술(30ml)
간 커민 2 티스푼(4g)
칠리 파우더 1 테이블스푼(6g)
훈제 파프리카 4g(2 티스푼)
Udi's 등 서빙용 햄버거 빵 4 개

지도

전기 압력솥에서 Sauté 를 누릅니다. 내솥이 뜨거워지면 기름을 넣습니다. 양파를 넣고 부드러워지기 시작할 때까지 3 분간 볶습니다. 마늘을 넣고 향이 날 때까지 30 초 더 끓입니다.
남은 재료(빵 제외)를 냄비에 모두 넣고 잘 저어줍니다.
뚜껑을 닫고 잠그고 증기 방출 손잡이가 밀봉 위치에 있는지 확인합니다. 15 분간 고압으로 조리합니다. 조리 시간이 끝나면 완전히 자연 압력을 해제합니다(약 20 분).
플로트 핀이 떨어지면 뚜껑의 잠금을 해제하고 조심스럽게 엽니다.
필요에 따라 조미료를 맛보고 조정하십시오. 매콤함과 스모키함을 위해 칠리 파우더나 커민을 더 추가하고, 더 달콤한 조잡한 조를 위해 흑설탕을, 더 깊은 풍미를 위해 우스터셔를 조금 더 추가하세요.
수율: 4 인분

65. 치즈 오그라탕 감자

재료

무염 버터 2 테이블스푼(28g)

다진 중간 양파 1 개

다진 마늘 2 쪽

야채 육수 1 컵(235ml)

소금 1/2 작은술

갓 간 후추 1/4 작은술

껍질을 벗기고 1/8 인치(3mm) 두께로 얇게 썬 중간 크기의 황갈색 감자 6 개

판코 빵가루 55g(1 컵)

녹인 무염 버터 3 테이블스푼(45ml)

사워크림 1/2 컵(120g)

잘게 썬 순한 체다 치즈 1/2 컵(60g) 잘게 썬 그뤼에르 치즈 1/2 컵(60g)

지도

전기 압력솥에서 Sauté 또는 Browning 을 누릅니다. 내솥이 뜨거워지면 버터 2 큰술(28g)을 넣습니다. 버터가 녹으면 양파를 넣고 가끔 저어주면서 부드러워질 때까지 약 5 분간 조리합니다. 마늘을 넣고 향이 날 때까지 30 초 더 끓입니다. 육수, 소금, 후추를 넣고 냄비 바닥에서 갈색으로 변한 부분을 긁어냅니다.

양파와 마늘 혼합물 위에 냄비 바닥에 찜통 바구니를 추가합니다. 썰은 감자를 바구니에 담았습니다. 뚜껑을 닫고 잠그고 증기 방출 밸브가 밀봉 위치에 있는지 확인합니다.

7 분간 고압으로 조리합니다.

감자가 익는 동안 브로일러를 예열하고 9 x 13 인치(23 x 33cm) 캐서롤 접시에 기름을 바릅니다. 작은 그릇에 판코 빵가루와 녹인 버터 3 테이블스푼(45ml)을 섞습니다. 모든 빵 부스러기를 코팅하기 위해 약동하십시오. 따로.

감자 요리가 끝나면 릴리스 핸들을 열고 모든 증기를 배출하여 빠른 릴리스 지침을 사용하십시오. 플로트 핀이 떨어지면 뚜껑의 잠금을 해제하고 조심스럽게 엽니다.

압력솥에서 감자와 찜통을 꺼냅니다. 준비된 캐서롤 접시에 감자를 넣습니다. 냄비가 아직 뜨거울 때 사워 크림과 두 치즈를 압력솥의 요리 액체에 넣습니다. 치즈가 완전히 녹고 혼합물이 부드러워질 때까지 저어줍니다.

접시에 담긴 조리된 감자 위에 치즈 소스를 조심스럽게 붓고 잘 섞이도록 저어줍니다. 빵가루 혼합물로 감자를 얹습니다. 5~6 분 동안 또는 토핑이 멋진 황금빛 갈색이 될 때까지 브로일러 아래에 놓습니다.

66. 브뤼셀 콩나물

재료

올리브 오일 또는 식물성 오일 2 테이블스푼(30ml)
다진 베이컨 6 줄
사과 사이다 식초 1/3 컵(79ml)
메이플 시럽 1/4 컵(60ml)
간 생강 1 티스푼
소금 1 티스푼
굵게 간 후추 1 티스푼
손질하여 반으로 자른 신선한 브뤼셀 콩나물 907g(2 파운드)
껍질을 벗기고 속을 제거한 후 깍뚝썰기한 큰 후지산 사과 2 개 건조 크랜베리 30g(1/4 컵)
다진 헤이즐넛 1/2 컵(58g), 구운 염소 치즈 1/4 컵(38g)

지도

전기 압력솥에서 Sauté 를 누릅니다. 내솥이 뜨거워지면 기름을 넣습니다. 다진 베이컨을 넣고 바삭하고 바스라질 때까지 요리합니다. 베이컨을 페이퍼 타월이 깔린 접시로 옮기되, 물이 뚝뚝 떨어지는 부분은 팬에 그대로 둡니다. 베이컨을 따로 보관하십시오. 취소를 누릅니다.
사이다 식초, 메이플 시럽, 생강, 소금, 후추를 냄비에 넣고 휘저어 베이컨 물방울과 섞습니다. 브뤼셀 콩나물, 사과, 말린 크랜베리를 넣고 잘 버무려 코팅합니다.
뚜껑을 닫고 잠그고 증기 방출 손잡이가 밀봉 위치에서 닫혀 있는지 확인합니다. 1 분간 고압으로 조리합니다. 완료되면 릴리스 손잡이를 열고 증기를 배출하여 퀵 릴리스를 사용하십시오. 플로트 핀이 떨어지면 뚜껑의 잠금을 해제하고 조심스럽게 엽니다.
예약 베이컨, 헤이즐넛, 부서진 염소 치즈를 뿌린 브뤼셀 콩나물을 제공합니다.

수율: 6 인분

67. 고소한 옥수수 빵

재료

현미 가루 1 컵(120g)

수수 가루 1/2 컵(60g)

3/4 컵(105g)과 중간 크기로 간 옥수수 가루 2 테이블스푼(18g)

베이킹 파우더 2 티스푼(5g)

소금 1/2 작은술

양파가루 1/2 작은술

마늘 가루 1/2 작은술

차전자피 가루 1 티스푼 또는 크산탄검 1/2 티스푼

잘게 썬 신선한 백리향 1 작은술

무염 버터 또는 Earth Balance 와 같은 유제품이 없는 버터 1/4 컵(56g)

우유 또는 유제품이 없는 우유 1 컵(235ml)

달걀 1 개, 가볍게 푼다

물 1 컵(235ml)

지도

7 x 3 인치(18 x 6cm) 케이크 팬에 들러붙지 않는 쿠킹 스프레이를 뿌린 다음 옥수수 가루 2 테이블스푼(18g)을 뿌립니다. 따로.

큰 믹싱 볼에 밀가루 두 개, 남은 옥수수 가루 3/4 컵(105g), 베이킹 파우더, 소금, 양파, 마늘 가루, 차전자피 가루, 타임을 섞습니다. 완전히 섞일 때까지 함께 휘젓습니다.

전자레인지용 그릇에 버터를 녹이고 밀가루 혼합물에 휘젓습니다. 우유와 구타 달걀을 넣으십시오. 모든 재료가 섞이도록 휘젓고 부드러워질 때까지 저어줍니다.

준비된 베이킹 팬에 붓고 카운터를 가볍게 두드려 기포를 제거합니다. 달라붙지 않는 요리용 스프레이로 사각형 알루미늄 호일을 뿌리고 옥수수 빵 혼합물 위에 뿌립니다(뿌린 면이 아래로 향함).

압력솥 내솥에 물을 넣습니다. 냄비에 삼발이를 놓습니다. 호일 슬링을 사용하여 덮은 케이크 팬을 삼발이 위의 냄비에 조심스럽게 내립니다.

뚜껑을 닫고 잠그고 증기 방출 손잡이가 밀봉 위치에 있는지 확인합니다. 35 분간 고압으로 조리합니다. 조리 시간이 끝나면 밀봉 손잡이를 통풍구로 조심스럽게 이동하고 모든 증기가 빠져나가도록 하여 신속하게 압력을 해제하십시오. 플로트 핀이 떨어지면 뚜껑의 잠금을 해제하고 조심스럽게 엽니다.

냄비에서 옥수수빵을 꺼내 식힘망에 올려주세요. 윗부분의 호일을 제거하고 옥수수 빵을 실온으로 식힙니다.

수율: 4 인분

68. 옥수수빵소

재료

고소한 옥수수빵 2 인분
무염 버터 또는 Earth Balance 대체 버터 225g(1 컵)
2 팩(각 12g) 칠면조 맛 세이보리 초이스 액상 육수 농축액(선택 사항, 소를 만들지 않을 경우 생략)
다진 큰 양파 1 개
다진 셀러리 4 줄기
얇게 썬 큰 샬롯 1 개
잘게 썬 큰 신선한 세이지 잎 10 개
신선한 백리향 2 가지 잎
Gala 또는 Fuji 와 같은 달콤한 사과 2 개를 씻어서 씨를 제거하고 다진 것
가당 건조 크랜베리 220g(11/2 컵)
굵게 다진 피칸 반쪽 1 컵(150g)
취향에 따라 코셔 소금과 갓 간 후추
달걀 1 개
칠면조 또는 치킨 스톡 11/2~2 컵(355~470ml)

지도

오븐을 400°F(200°C 또는 가스 마크 6)로 예열합니다.
옥수수 빵을 1/2 인치(3cm) 조각으로 자른 다음 조각을 작은 입방체로 십자형으로 자릅니다. 베이킹 시트에 큐브를 펼칩니다.
버터 1/4 컵(56g)을 녹이고 칠면조 향 농축액과 섞습니다. 옥수수 빵 큐브 위에 이슬비를 뿌립니다. 부드럽게 던지고 오븐에 넣으십시오. 30 분 동안 큐브를 굽고, 8~10 분마다 저어주면서 구워지고 완전히 마를 때까지 기다립니다.
오븐에서 꺼내 실온으로 식히십시오.
오븐을 350°F(180°C 또는 가스 마크 4)로 낮추십시오. 9 x 13 인치(23 x 33cm) 베이킹 팬에 가볍게 버터를 바르십시오. 따로.
큰 프라이팬에 버터 1/4 컵(56g)을 중불로 녹입니다. 양파와 셀러리를 약 4 분간 볶은 다음 샬롯과 세이지를 넣습니다. 야채가 부드러워지고 갈색이 되기 시작할 때까지 3~4 분 더 조리합니다. 열에서 제거하고 큰 믹싱 볼에 옮겨 식힙니다.

식힌 콘 브레드 큐브를 야채와 함께 믹싱볼에 넣습니다. 큐브를 사용하고 부스러기를 남겨주세요.
백리향, 사과, 크랜베리, 피칸을 옥수수 빵 혼합물에 추가합니다. 골고루 분포될 때까지 던지십시오. 남은 버터 **1/2** 컵**(112g)**을 전자레인지용 그릇에 녹인 다음 그릇에 넣고 다시 던집니다. 맛을 보고 소금과 후추로 간을 맞춥니다. 풀어 놓은 달걀과 칠면조 육수를 저어 준비한 베이킹 팬에 옮깁니다.
오븐으로 옮기고 약 **45** 분 동안 또는 빵이 황금빛 갈색이 되고 윗면이 딱딱해질 때까지 굽습니다.

수확량: **6~8** 인분

69. 으깬감자

재료

껍질을 벗기고 4 등분한 중간 크기의 붉은 감자 808g(2 파운드)
물 1 컵(235ml)
우유 1/2~3/4 컵(120~180ml)
무염 버터 56g(1/4 컵)
소금 1/4 티스푼
간 후추 1/4 작은술

지도

전기압력밥솥 내솥에 감자와 물을 넣습니다.
뚜껑을 닫고 잠그고 증기 방출 손잡이가 밀봉 위치에 있는지 확인합니다. 10 분간 고압으로 조리합니다. 조리 시간이 끝나면 밀봉 손잡이를 환기 위치로 안전하게 이동하고 증기가 빠져나가도록 하여 신속하게 압력을 해제하십시오. 플로트 핀이 떨어지면 뚜껑의 잠금을 해제하고 조심스럽게 엽니다.
우유, 버터, 소금, 후추를 감자에 넣습니다. 물기를 빼기 위해 감자를 꺼낼 필요가 없습니다. 당신은 냄비에 그들을 으깰 수 있습니다. 침지 블렌더 또는 감자 으깨기를 사용하고 원하는 농도가 될 때까지 으깨십시오. 필요에 따라 조미료를 맛보고 조정하십시오.
좋아하는 그레이비 또는 여분의 버터와 함께 제공하십시오!

70. 빨강, 흰색 및 녹색 브뤼셀 콩나물

4 인분

재료

브뤼셀 콩나물 500g(1lb)
볶은 잣 50mL($\frac{1}{4}$ 컵)
석류 1 개
올리브유
소금 & 후추(취향껏)

씻은 브뤼셀 스프라우트는 겉잎을 제거하고 줄기를 다듬습니다. 가장 큰 것은 반으로 잘라 균일한 크기로 만들어 골고루 익혀주세요.
물 한 컵을 붓고 찜기 바구니를 추가하여 인스턴트 포트를 준비합니다. 콩나물을 바구니에 담습니다.
뚜껑을 닫고 밸브를 압력 조리 위치로 설정합니다. 고압에서 수동으로 3 분간 조리합니다.
시간이 다 되면 밸브를 통해 압력을 해제하여 인스턴트 포트를 엽니다.
콩나물을 서빙 접시에 옮기고 올리브 오일, 소금, 후추로 간을 한 후 구운 잣과 석류씨를 뿌립니다.
따뜻하거나 실온에서 제공하십시오.

71. 레몬향 영국 완두콩& 아스파라거스

4 인분

재료

다진 마늘 1-2 쪽

생 또는 냉동 영국 완두콩(해동하지 않은 것) 2 컵(500mL)

잘게 썬 아스파라거스 2 컵(500mL)

1-2"(2 ½-5cm) 조각

야채 육수 ½ 컵(125mL) 레몬 1 개, 제스트 및 즙

구운 잣 또는 아몬드 조각 2-3 큰술(30-45mL)

인스턴트팟에 마늘, 완두콩, 아스파라거스, 육수를 추가합니다.

뚜껑을 잠급니다. 낮은 압력에서 수동으로 2 분간 조리합니다. 시간이 다되면 압력을 빠르게 해제하십시오.

레몬 제스트와 주스를 넣고 저어줍니다.

그릇이나 접시로 옮깁니다. 견과류로 장식하십시오.

72. 모로코 양고기 타진

4-6 인분

재료

양고기 어깨살 2 ½ lbs(2kg) 조각으로 자른 것
계피 가루 1 티스푼(5mL)
생강 가루 1 티스푼(5mL)
강황 가루 1 티스푼(5mL)
커민 가루 1 티스푼(5mL)
다진 마늘 2 쪽
중간 크기 양파 2 개, 대충 썰기
불린 자두 10 온스(300g)(또는 마른 살구와 건포도 혼합)
1 월계수 잎
야채 육수 1 컵(250mL)
계피 스틱 1 개
꿀 3 큰술(45mL)
소금 1 ½ 티스푼(8mL)
후추 1 티스푼(5mL)
껍질을 벗기고 껍질을 벗기고 구운 아몬드 100g(3 ½ oz)
참깨 1 큰술(15mL)
올리브 오일 3 테이블스푼(45mL), 나누어서

간 계피, 강황, 커민, 생강, 마늘을 올리브 오일 2 테이블스푼(30mL)과 섞어 페이스트를 만들고 이 페이스트로 고기를 덮고 따로 둡니다.
말린 자두를 그릇에 넣고 끓는 물을 덮어 따로 둡니다.
예열된 압력솥에 뚜껑을 닫고 중불에서 올리브 오일 한 스푼(약 1 큰술)과 양파를 넣고 부드러워질 때까지 익힙니다(약 3 분). 양파를 부어 따로 보관하십시오. 고기를 넣고 모든 면을 갈색으로 만듭니다(약 10 분). 그런 다음 야채 육수로 압력솥의 유약을 제거하고 바닥을 잘 긁고 나머지 소스에 갈색 조각을 통합합니다. 그런 다음 양파, 월계수 잎, 계피 스틱을 넣습니다.
압력솥의 뚜껑을 닫고 잠급니다.
고압으로 30 분간 조리합니다.

시간이 다 되면 자연 방출 방향으로 압력솥을 엽니다. 버너에서 밥솥을 옮기고 압력이 저절로 내려갈 때까지 기다립니다(약 10 분). "보온" 모드를 해제하거나 압력 표시기가 내려갔을 때(20~30 분) 밥솥의 플러그를 뽑고 엽니다.

압력솥에 뚜껑을 닫고 중불에서 소금, 헹구고 물기를 뺀 자두, 꿀을 넣고 액체를 줄입니다(약 5 분). 월계수 잎과 계피 스틱을 낚습니다.

구운 아몬드와 참깨를 뿌려 서빙합니다.

73. 코코넛 피시 카레

4 인분

재료

500-750 g(1-1 $\frac{1}{2}$ lbs) 생선 스테이크 또는 필레, 헹구고 한 입 크기로 자른 것(신선, 냉동 또는 해동)

다진 토마토 1 개 또는 방울토마토 한 컵

스트립으로 얇게 썬 청고추 2 개

중간 크기 양파 2 개, 채썰기

다진 마늘 2 쪽

갓 간 생강 1 큰술(15mL) 또는 생강 가루 $\frac{1}{2}$ 작은술(3mL)

카레 잎 6 장, 월계수 잎, 카피르 라임 잎 또는 바질

고수 가루 1 큰술(15mL)

간 커민 1 티스푼(5mL)

강황 가루 $\frac{1}{2}$ 티스푼(3mL)

고춧가루 1 티스푼(5mL) 또는 고춧가루 1 티스푼(5mL)

호로파 가루 $\frac{1}{2}$tsp(3mL)

무가당 코코넛 밀크 2 컵(500mL)

맛볼 소금

레몬즙(취향껏)

뚜껑 없이 중약불로 예열한 압력솥에 기름을 두르고 카레 잎을 떨어뜨려 가장자리가 노릇해질 때까지 가볍게 볶습니다(약 1 분).

그런 다음 양파, 마늘, 생강을 넣고 양파가 부드러워질 때까지 볶습니다.

고수, 커민, 튜메릭, 칠리 파우더, 호로파 등 모든 간 향신료를 넣고 향이 날 때까지 양파와 함께 볶습니다(약 2 분).

코코넛 밀크로 유약을 제거하여 밥솥 바닥에 붙은 것을 풀고 소스에 넣습니다.

그린 칠레, 토마토, 생선 조각을 추가합니다. 혼합물이 생선에 잘 코팅되도록 저어줍니다.

뚜껑을 닫고 밸브를 압력 조리 위치로 설정합니다.

낮은 압력에서 5 분 동안 조리합니다.

시간이 다 되면 일반 방향을 사용하여 압력을 해제합니다. 밸브를 통해 증기를 방출합니다.

기호에 따라 소금을 넣고 먹기 직전에 레몬즙을 뿌린다.

단독으로 또는 찐 쌀과 함께 드십시오.

74. 로즈마리와 레몬 치킨

6 인분

재료

8 등분으로 자른 닭고기 1 마리 또는 뼈가 있는 닭고기 조각 포장

드라이 화이트 와인 ½ 컵(125mL) 육수 1 컵(250mL)

소금에 절인 타기세, 프렌치 또는 칼라마타 블랙 올리브 115g(4oz)

마리네이드용:

레몬 4 개, 즙을 낸 것 3 개, 장식용 1 개

마늘 2 쪽

신선한 로즈마리 3 가지, 다지기용 2 가지, 장식용 1 가지

신선한 세이지 2 줄기

파슬리 잎과 줄기 ½ 다발

엑스트라 버진 올리브 오일 4 테이블스푼(60mL) 소금과 후추(취향에 따라)

마늘, 로즈마리, 세이지, 파슬리를 잘게 썰어 양념장을 준비합니다. 용기에 넣고 레몬즙, 올리브 오일, 소금, 후추를 넣습니다. 잘 섞어 따로 보관하십시오.

닭고기를 깊은 접시에 담고 양념장을 잘 덮습니다. 비닐 랩으로 덮고 냉장고에서 2~4 시간 동안 재워둡니다.

소테 기능을 눌러 인스턴트 포트를 가열합니다. 디스플레이에 "뜨거움"이 표시되면 올리브 오일 소용돌이를 추가하고 닭고기 조각의 모든 면을 갈색으로 만듭니다(약 5 분). 완료되면 따로 보관하십시오.

와인이 거의 모두 증발할 때까지(약 3 분 동안) 와인으로 내솥의 유약을 제거합니다.

닭을 다시 넣습니다. 냄비 바닥에 검은색 고기(날개, 다리, 허벅지)를 모두 먼저 넣은 다음, 닭 가슴살이 냄비 바닥에 닿지 않도록 조심스럽게 그 위에 얹습니다.

남은 매리 네이드를 붓고 모든 것 위에 육수를 붓습니다.

인스턴트 포트의 뚜껑을 닫고 잠급니다. 수동을 누르고 시간을 12 분 압력 조리로 조정합니다. 시간이 다 되면 빠른 압력 해제를 사용하여 인스턴트 포트를 엽니다.

냄비에서 닭고기 조각을 꺼내 서빙 접시에 덮습니다.

Sauté 기능을 사용하여 냄비의 액체를 줄이십시오. 액체가 원래 양의 약 1/4 이 되고 닭고기 위에 부을 수 있을 만큼 걸쭉해질 때까지 줄입니다.

신선한 로즈마리, 올리브, 신선한 레몬 슬라이스를 뿌립니다.

75. 감자와 당근을 곁들인 비프 로스트

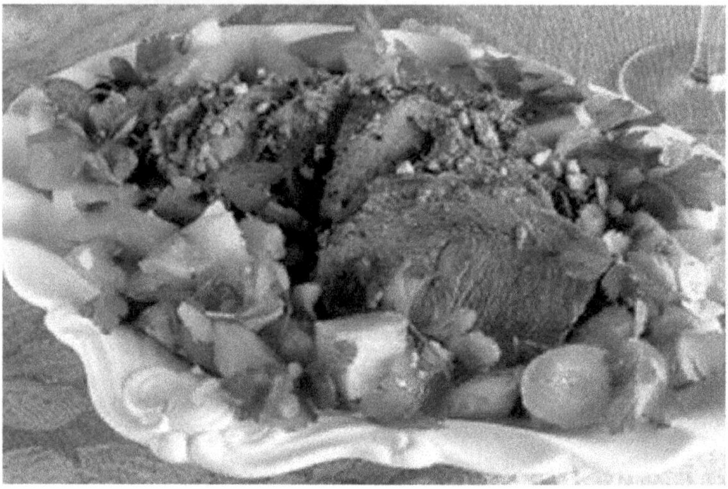

6-8 인분

재료

1-2kg(2-4lb) 쇠고기 로스트, 압력솥 너비보다 길지 않음
치킨 스톡 1 ½ 컵(375mL)
올리브 오일 1 큰술(15mL)
대략 깍둑썰기한 감자 1kg(2lb)
껍질을 벗긴 당근 500g(1lb)
다진 파슬리 1 단
레드 와인 1 컵(250mL)
무염 버터 4 큰술(60mL)
신선한 타임 2 큰술(30mL)
다진 피스타치오 4 큰술(60mL)

크러스트 옵션:

으깬 피스타치오 너트 4 온스, 껍질을 벗기고 소금에 절인 것
후추 1 큰술
신선한 타임 2 큰술

[소테]를 눌러 밥솥을 예열하세요. 디스플레이에 "뜨거움"이라는 단어가 나타나면 올리브 오일 소용돌이를 추가하고 로스트를 모든 면에서 잘 굽습니다.
닭고기 육수로 내솥의 유약을 제거합니다.
인스턴트 포트의 뚜껑을 닫고 잠급니다. [압력조리] 버튼을 누른 후 [+] 버튼을 눌러 압력조리 시간을 45~50 분(두께에 따라 다름)으로 설정하세요.
시간이 다 되면 Quick Pressure Release 를 사용하여 인스턴트 포트를 엽니다.
감자를 넣고 전체 당근을 위에 올려 놓으십시오. 빠르게 작업하십시오.
인스턴트 포트의 뚜껑을 닫고 잠급니다. [압력조리] 버튼을 누른 후 [+] 또는 [-] 버튼을 눌러 압력조리 시간을 10 분으로 설정하세요.
시간이 다 되면 Quick Pressure Release 를 사용하여 인스턴트 포트를 엽니다.
서빙 플래터에 당근을 제거하고 슬라이스합니다. 슬롯 형 스푼으로 감자를 제거하고 서빙 플래터에 놓습니다. 로스트를 꺼내 알루미늄 호일을 깐 접시에 올려놓습니다.
요리용 액체를 고운 체에 거르고 다시 인스턴트팟에 넣습니다. 와인과 버터를 넣고 압력솥에 뚜껑을 덮지 않은 상태에서 [소테] 기능을 이용하여 육수를 반정도 줄입니다.

얇게 썰어 당근과 감자와 함께 플래터에 담습니다. 희석한 요리용 액체를 붓고 백리향과 견과류를 뿌립니다.

76. 찹쌀을 곁들인 갈비찜

재료
등갈비 750g(26oz)
양념 재료:
큰 조각으로 자른 파 1 개
얇게 썬 신선한 생강 작은 조각 1 개
진한 간장 1 큰술(15mL)
간장 1 큰술(15mL)
치킨 부용 가루 ¼ 티스푼(1mL)
소금 ½ 티스푼(3mL)
설탕 1 티스푼(5mL)
물 1 큰술(15mL)
옥수수 전분 1 ½ 큰술(23mL)
찹쌀 ½ 컵(125mL)
물 2 컵(500mL)

하루 전에 갈비뼈를 깨끗이 닦고 뼈 사이에 조각으로 자릅니다. 밀봉 가능한 비닐 봉지에 갈비와 양념장 재료를 넣습니다. 백을 밀봉하고 잘 흔든 다음 냉장고에 밤새 두십시오.

요리 당일 물 2 컵에 찹쌀을 8 시간 불려주세요. 쌀은 물기를 빼고 불린 쌀로 갈비를 덮은 후 얕은 내열 그릇에 담습니다.
인스턴트 팟에 물 2 컵을 붓고 찜기를 냄비 안에 넣습니다. 찜기에 밥과 갈비가 담긴 그릇을 올려주세요.
인스턴트 포트의 뚜껑을 닫고 잠그고 밸브가 밀봉 위치에 있는지 확인합니다. Steam 기능을 선택하고 55 분으로 설정합니다. 시간이 다 되면 빠른 압력 해제를 사용하여 인스턴트 포트를 엽니다.
찐 아기갈비와 밥을 꺼내서 맛있게 드세요!

77. 매운 파스타 나비

4-6 인분

재료

올리브 오일 2 큰술(30mL)
다진 마늘 2 쪽
다진 신선한 핫 칠리 페퍼 2 티스푼(10mL)
또는 고추 플레이크 1 티스푼(5mL) 마른 오레가노 1 꼬집
파르팔레 또는 나비넥타이 파스타 500g(16oz)
토마토 퓨레 2 컵(500mL)
물 750mL(3 컵)
소금 2 티스푼(10mL)

보온 설정의 인스턴트 포트에 올리브 오일 두 소용돌이, 으깬 마늘 정향, 고추/ 조각 및 오레가노(팬에 뿌릴 때 손가락 사이로 갈아서)를 추가합니다.
마늘 정향이 지글지글 소리를 내며 살짝 황금색으로 변할 때까지 재료가 오일에 스며들도록 낮은 열을 가합니다.
파스타, 토마토 퓨레, 물을 파스타가 잠길 정도로만 붓고(군데군데 점이 몇 군데 튀어나와도 괜찮아요) 소금(이건 생략하지 마세요)을 넣습니다. 모든 것을 함께 저어주고 나무 숟가락이나 주걱으로 파스타를 평평하게 펴서 가능한 한 많은 파르팔레가 잠기도록 합니다.
뚜껑을 닫고 밸브를 압력 조리 위치로 설정합니다. 낮은 압력에서 수동으로 6 분간 조리합니다.
시간이 다 되면 밸브를 통해 압력을 빠르게 풀어 압력솥을 엽니다.
내용물을 저어주고 그릇과 도구를 모으는 동안 파스타를 약 1 분 동안 그대로 둡니다.
압력솥의 열로 파스타가 아직 익고 있으니 그 이상 두지 마세요.
신선한 엑스트라 버진 올리브 오일을 작은 소용돌이로 각 그릇에 얹습니다. 즐기다!

78. 아스파라거스 스프링 리조또

4-6 인분

재료

아스파라거스 500g(1lb)
물 4 컵(1L)
올리브 오일 1 큰술(15mL)
잘게 썬 중간 크기의 붉은 양파 1 개
아보리오 쌀 2 컵(500mL) 드라이 화이트 와인 ¼ 컵(50mL) 소금
2 티스푼(10mL)
즙 약 ½ 티스푼(3mL)을 짜낸 레몬 웨지 1 개
엑스트라 버진 올리브 오일 1 큰술(15mL)(장식용)

나무 줄기를 제거하고 폐기하여 아스파라거스를 다듬습니다. 그런 다음 줄기를 작은 론델로 자릅니다. 팁 전체를 잘라내어 따로 보관하십시오.
압력솥에 아스파라거스 줄기와 물을 넣습니다.
압력솥의 뚜껑을 닫고 잠급니다.
고압에서 12 분간 조리합니다.
시간이 되면 밸브를 통해 압력을 빼서 밥솥을 엽니다.
압력솥의 내용물(아스파라거스 육수 및 줄기)을 내열 측정 컵에 붓고 약간의 여분(약 $\frac{1}{4}$ 또는 60ml)으로 4 컵(1L)을 측정합니다. 이것은 귀하의 마이크로 주식입니다.
가열된 압력솥 바닥에 양파와 올리브 오일을 넣고 양파가 부드러워지기 시작할 때까지 모든 것을 휘젓습니다.
쌀을 넣고 기름과 양파로 코팅한 다음(쌀이 약간 반투명해짐) 알갱이가 건조되기 시작하고 다시 하얗게 변할 때까지 약 2 분 동안 계속 저어줍니다.
와인을 붓고 와인이 모두 증발할 때까지 저어줍니다.
아스파라거스 마이크로 육수, 아스파라거스 팁, 소금을 넣고 압력솥 바닥을 부드럽게 긁어내어 아무것도 들러붙지 않도록 섞습니다.
1 압력솥의 뚜껑을 닫고 잠급니다.
1 고압에서 6 분간 조리한다.
1 시간이 되면 밸브를 통해 압력을 빼서 밥솥을 엽니다.
레몬즙을 짜서 넣고 잘 섞는다.
최고의 엑스트라 버진 올리브 오일과 함께 제공합니다.27

79. 치킨& 포테이토 라이스

8 인분

재료

올리브 오일 2 큰술(30mL)

5cm(2") 조각으로 자른 파 1 개

얇게 썬 신선한 생강 작은 조각 1 개

스타아니스 1 개

작은 조각으로 자른 뼈와 껍질을 제거한 닭 허벅지살 400g(1lb)

저염 치킨 스톡 또는 물 2 컵(500mL)

진한 간장 1 ½ 큰술(23mL)

간장 1 큰술(15mL) 소금 ½ 큰술(7mL)

백미 1 ⅓컵(325mL)

껍질을 벗기고 ¼ 인치 조각으로 자른 중간 크기의 노란색 감자 3 개

잘게 다진 파 1 개 참기름 1 큰술(15mL) 양념장 재료:

진한 간장 1 큰술(15mL)

간장 1 큰술(15mL)

백후추 가루 ¼ 티스푼(1mL)

물 2 큰술(30mL)

옥수수 전분 1 큰술(15mL)

전날 밤 닭고기와 모든 마리네이드 재료를 섞습니다. 뚜껑이 있는 용기에 담아 냉장고에 밤새 두십시오.

달라붙지 않는 큰 소테 팬에 올리브 오일을 중불로 가열합니다(이는 소테 기능을 사용하여 인스턴트 포트에서 수행할 수도 있음).

파 1 개, 아니스, 생강, 정향을 넣고 1 분간 끓입니다.

양념한 닭고기를 넣고 닭고기 겉면이 옅은 갈색이 될 때까지 약 3~4 분 동안 자주 저은 후 따로 둡니다.

익힌 닭고기와 액체를 모두 인스턴트팟에 넣습니다. 닭고기 국물, 진간장과 간장, 소금, 쌀, 감자를 넣습니다.

뚜껑을 닫고 밸브가 "밀봉" 위치로 설정되어 있는지 확인하십시오. "밥" 기능을 선택하고 시간을 조절하여 35 분간 취사합니다.

시간이 다 되면 10 분 정도 더 기다린 후 재빨리 압력을 빼고 뚜껑을 엽니다.

잘게 다진 파와 참기름을 넣고 볶는다. 냄비의 뚜껑을 덮고 밥을 먹기 전에 5 분 동안 둡니다. 즐기다!

80. 오갠 쌀을 곁들인 찐 돼지갈비

6 인분

재료
돼지등갈비 750g(6 파운드)
찹쌀 ½ 컵(125mL)
백미 ½ 컵(125mL)
통후추 ½ 티스푼(3mL)
아니스 1 개
중국 계피 작은 조각 1 개
물 2 큰술(30mL)
신선하고 다진 파 1 티스푼(5mL)
마리네이드 재료:
다진 신선한 생강 2g
마늘 1 큰술(15mL), 갓 다진 마늘
진한 간장 1 큰술(15mL)
간장 1 큰술(15mL)
소금 ⅓ 티스푼(2mL)
설탕 ½ 티스푼(3mL)
물 2 큰술(30mL)

등 갈비뼈를 깨끗이 닦고 뼈 사이를 조각으로 자릅니다. 지퍼백에 갈비와 양념장 재료를 넣고 밀봉한 후 잘 흔들어 주세요. 냉장고에 **2** 시간 넣어둡니다.

달라붙지 않는 작은 프라이팬에 쌀, 통후추, 아니스, 계피를 넣고 중불에서 익힙니다. 밥이 약간 황금색이 될 때까지 저어가며 요리합니다. 식히기 위해 따로 보관하십시오. 후추 열매, 아니스 및 중국 계피를 버립니다.

밥을 믹서기에 넣고 옥수수 가루 크기가 될 때까지 몇 번 펄싱합니다. 등갈비에 으깬 쌀을 골고루 묻혀 얕은 그릇에 담습니다. 남은 마리네이드 소스에 물 **2** 큰술**(30mL)**을 섞어 갈비에 붓습니다.

인스턴트 포트 안에 스팀 랙을 놓습니다. **2** 컵 표시선까지 물을 채웁니다. 등받이가 있는 그릇을 스팀 랙에 놓습니다. 뚜껑을 덮고 스팀 방출 핸들을 밀봉 위치로 돌립니다. 찜을 선택하고 **[+]** 또는 **[-]** 버튼으로 조리시간을 **45** 분으로 설정하세요.

완료되면 **5** 분을 더 기다립니다. 천천히 압력을 푼 다음 뚜껑을 엽니다.

찐 갈비를 꺼내 다진 파 **1** 티스푼**(5mL)**으로 장식합니다.

81. 간편한 칠리 콜로라도 스마트 부리또

10-12 인분

재료

깍둑썰기한 뼈 없는 쇠고기 우둔살 구이 1500g(3lbs)
엔칠라다 소스 475mL(16oz)
쇠고기 부용 큐브 2 개 또는 쇠고기 베이스 2 큰술(30mL)
물 125mL($\frac{1}{2}$ 컵)
10 -12 부리또 크기의 밀가루 토르티야
슈레드 치즈 2 컵(500mL)

쇠고기, 엔칠라다 소스 1 컵, 부용, 물을 냄비에 넣습니다. [압력취사] 버튼을 누르고 30 분간의 압력조리 시간을 가집니다. 삐 소리가 나면 압력솥 전원을 끄고 10 분간 자연압력해제 후 퀵릴리즈를 하여 압력을 해제해 주세요. 밸브가 떨어지면 조심스럽게 뚜껑을 제거하십시오.
알루미늄 호일을 깐 베이킹 트레이에 또띠아를 놓고 또띠아 중앙에 쇠고기를 약 1/2 컵 넣고 가장자리를 접은 다음 돌돌 말아 부리토 모양으로 만듭니다. 남은 토르티야로 반복합니다. 엔칠라다 소스와 잘게 썬 치즈를 얹습니다. 치즈가 거품이 일 때까지 약 2-4 분 동안 굽습니다.

82. 칼루아 돼지고기

12 인분

재료

4 파운드(2kg) 돼지 어깨살(돼지 엉덩이) 로스트, 2 조각으로 자름

물 125mL($\frac{1}{2}$ 컵)

히코리 액체 연기 1 큰술(15mL)

굵은 코셔 소금(또는 하와이 소금) 2 티스푼(10mL)

[소테]를 눌러 밥솥을 예열하세요. 디스플레이에 "뜨거움" 이라는 단어가 나타나면 요리 냄비에 기름을 추가합니다. 로스트의 각 절반을 따로 갈색으로 만듭니다. 갈색이 되면 접시에 담습니다.

압력솥을 끄고 냄비에 물과 연기를 붓습니다. 갈색 로스트와 축적된 주스를 냄비에 추가합니다. 돼지고기 구이 위에 소금을 뿌린다.

[압력조리] 버튼을 누른 후 [+] 버튼을 눌러 압력조리 시간을 90 분으로 설정하세요.

신호음이 울리면 자연 방출을 사용하여 압력을 해제하십시오(약 20 분). 밸브가 떨어지면 조심스럽게 뚜껑을 제거하십시오.

압력솥에서 고기를 꺼내 포크 두 개로 잘게 썰고, 갈 때 여분의 지방은 버립니다.

압력솥에서 나온 육즙을 조금 더하여 고기를 적셔줍니다. (저는 육즙에서 지방을 제거하기 위해 지방 분리기를 사용했습니다.)

83. 쉬운오소부코

6 인분

재료

6 쿼터 인스턴트 포트의 내솥에 후추 1/4 티스푼

잘게 썬 양파 1 컵(250mL)

잘게 썬 당근 ½ 컵(125mL)

잘게 다진 셀러리 ½ 컵(125mL)

무지방 및 저나트륨 닭고기 육수 ¼ 컵(50mL)

다진 신선한 로즈마리 1 큰술(15mL)

다진 신선한 타임 2 티스푼(10mL)

1(15oz) 통조림 토마토 통조림, 물기를 제거하고 다진 것

다진 마늘 4 쪽

소금 4mL(¾ tsp)

갓 간 후추 ½tsp(3mL)

올리브 오일 4 티스푼(20mL)

송아지 정강이 6 개(10 온스)(두께 2 인치 또는 5cm)

샤르도네 또는 기타 드라이 화이트 와인 ¾ 컵(175mL)

잘게 썬 신선한 파슬리 ¼ 컵(50mL)

간 오렌지 껍질 1 티스푼(5mL)

다진 작은 마늘 1 쪽

처음 8 가지 재료(양파부터 마늘까지), 소금 1/4 티스푼,

붙지 않는 큰 프라이팬을 중불로 가열합니다. 팬에 기름 2 티스푼을 추가합니다. 코트에 소용돌이.

남은 소금 1/2 티스푼과 후추 1/4 티스푼을 송아지 고기에 뿌립니다. 팬에 송아지 고기 반을 추가하십시오. 10 분 동안 요리하고 사방이 갈변합니다. 송아지 고기를 밥솥에 넣습니다. 남은 2 티스푼의 오일과 남은 송아지 고기로 절차를 반복합니다.

팬에 와인을 넣고 팬을 긁어 갈색 조각을 풉니 다. 끓인다; 1/2 컵(약 2 분)으로 줄어들 때까지 요리합니다.

밥솥에 있는 송아지 고기 위에 와인 혼합물을 붓습니다. 인스턴트 포트의 뚜껑을 닫고 잠급니다. 증기 방출 손잡이를 "환기" 위치로 돌립니다. [Slow Cook]을 누르고 [Adjust]를 사용하여 "Less" 모드를 선택하십시오. [-] 또는 [+]를 눌러 4 시간

조리 시간을 선택합니다. (필요한 경우 송아지고기가 매우 부드러워질 때까지 시간을 더 익힙니다.)

밥솥에서 송아지 고기를 제거하십시오. 따뜻한 상태를 유지해. 요리용 액체의 표면에서 지방을 탈지합니다. 중간 냄비에 요리 액체를 붓습니다.

중불로 끓입니다. 가끔 저으면서 3 컵(약 13 분)으로 줄어들 때까지 요리합니다.

파슬리, 오렌지 껍질, 마늘 1 쪽을 작은 그릇에 담습니다.

6 개의 얕은 그릇에 송아지 고기를 나눕니다. 조리용 액체와 파슬리 혼합물을 골고루 얹습니다.

84. 국수를 곁들인 땅콩 치킨& 슈가 스냅 완두콩

6 인분

재료

한 입 크기로 자른 닭가슴살 750g(1 $\frac{1}{2}$lb)
옥수수 전분 3 큰술(45mL)
데리야끼 소스 2 큰술(30mL)
다진 신선한 마늘 2 티스푼(10mL)
$\frac{1}{4}$tsp(1mL) 으깬 고추 1tsp(5mL) 참기름
무지방 및 저나트륨 닭고기 육수 2 컵(500mL)
천연 땅콩 버터 50mL($\frac{1}{4}$ 컵)
다듬은 슈가 스냅 완두콩 2 $\frac{1}{2}$(625mL) 컵
성냥개비로 자른 당근 1 컵(250mL)
1(12 온스) 패키지 스파게티
얇게 썬 파 125mL($\frac{1}{2}$ 컵)
무염 상태로 다진 땅콩 50mL($\frac{1}{4}$ 컵)
라임 웨지(선택 사항)

닭고기, 옥수수 전분 2 큰술, 데리야끼 소스 1 큰술, 마늘 1 작은술, 고추를 그릇에 넣고 섞습니다. 잘 던져.
붙지 않는 큰 프라이팬을 중불로 가열합니다. 팬에 기름을 추가하십시오; 코트에 소용돌이. 팬에 닭고기 혼합물을 추가합니다. 모든면에서 갈변하면서 6 분 동안 요리하십시오. 국물 1/2 컵을 저어 팬을 긁어 갈색으로 된 조각을 풉니다. 닭고기 혼합물을 6 쿼터 인스턴트 포트의 내솥으로 옮깁니다.
남은 국물 1 1/2 컵, 땅콩 버터, 옥수수 전분 1 큰술, 데리야끼 소스 1 큰술, 마늘 1 작은술을 그릇에 담습니다. 닭고기 혼합물을 붓습니다.
인스턴트 포트의 뚜껑을 닫고 잠급니다. 스팀 방출 핸들을 "환기" 위치로 돌립니다. [Slow Cook]을 누르고 [Adjust]를 사용하여 "더 보기" 모드를 선택합니다. [-] 또는 [+]를 눌러 1 시간 30 분 조리 시간을 선택합니다.
시간이 되면 뚜껑을 열고 완두콩과 당근을 넣고 저어주세요. 30 분 조리 시간을 선택하여 느린 조리 절차를 반복합니다. 시간이 다되면 완두콩은 바삭하고 부드럽습니다.

완두콩과 당근이 익는 동안 소금과 지방을 생략하고 포장 지침에 따라 파스타를 익힙니다. 물을 빼다. 조리된 스파게티를 밥솥의 닭고기 혼합물에 추가합니다. 잘 던져. 파와 땅콩을 뿌린다. 원하는 경우 라임 웨지와 함께 제공합니다. 즐기다!

85. 사과 계피 건포도 빵 푸딩

재료

빵 푸딩

녹인 무염 버터 2 테이블스푼(28g)과 팬용으로 추가
흑설탕 1/2 컵(100g)
전유 21/2 컵(590ml)
계란 4 개
바닐라 추출물 2 티스푼(10ml)
계피 가루 1 티스푼
육두구 가루 1/2 작은술
소금 1/4 티스푼
시나몬 건포도 빵 400g(8 컵)
볶은 다진 피칸 75g(1/2 컵)
껍질을 벗기고 속을 제거하고 다진 중간 크기의 베이킹 사과 2 개
물 355ml(11/2 컵)

달콤한 바닐라 소스

무염 버터 1/2 컵(112g)
그래뉴당 1/2 컵(100g)
흑설탕 1/2 컵(100g)
소금 1/4 티스푼
바닐라 추출물 1 테이블스푼(15ml)
헤비 휘핑크림 1/2 컵(120ml)

지도

빵 푸딩

큰 그릇에 버터 2 테이블스푼(28g), 황설탕, 우유, 계란, 바닐라, 향신료, 소금을 함께 휘젓습니다. 네모난 빵, 구운 견과류, 사과 조각을 추가합니다. 잘 섞일 때까지 섞는다. 팬을 준비하는 동안 따로 보관하십시오.

6 컵(1410ml) 번트 또는 11/2 쿼트(4L) 원형 베이킹 접시를 사용하여 팬의 바닥과 측면에 버터를 바르십시오. 팬 모서리에 들어가십시오. 빵 푸딩 혼합물을 준비된 팬에 붓습니다.

압력솥에 삼발이를 넣습니다. 냄비 바닥에 물을 넣으십시오. 달라붙지 않는 쿠킹 스프레이를 알루미늄 호일 조각에 뿌리고 빵 푸딩 위에 뿌립니다(뿌린 면이 아래로 향함). 이것은 요리하는 동안 과도한 수분으로부터 푸딩을 보호합니다. 호일 슬링을 사용하여 브레드 푸딩을 삼발이 위에 내립니다.

뚜껑을 닫고 잠그고 증기 방출 손잡이가 밀봉 위치에 있는지 확인합니다. 25 분간 고압으로 조리합니다. 조리 시간이 완료되면 릴리스 손잡이를 배기 위치로 돌리고 스팀을 방출하여 빠른 릴리스 지침을 사용하십시오. 플로트 핀이 떨어지면 뚜껑의 잠금을 해제하고 조심스럽게 엽니다.

호일 슬링을 사용하여 압력솥에서 접시를 꺼냅니다. 바삭한 윗면을 좋아한다면 시트 팬에 접시를 놓고 400°F(200°C 또는 가스 표시 6) 오븐에 5 분 동안 넣습니다. 빵 푸딩이 너무 갈색이 되지 않도록 주의 깊게 관찰하세요.

86. 뉴욕 스타일 치즈케이크

재료

껍질을 위해

아몬드 가루 2 컵(224g)

소금 1/4 티스푼

황설탕 11/2 큰술(18g)

녹인 무염 버터 56g(1/4 컵)

치즈 케이크

실온의 크림 치즈 454g(1 파운드)

옥수수 전분 2 큰술(16g)

굵은 설탕 128g(2/3 컵) 소금 한 꼬집

상온에 있는 사워크림 1/2 컵(120g)

바닐라 추출물 2 티스푼(10ml)

아몬드 추출물 1/8 티스푼 큰 달걀 2 개, 실온 보관

찬물 1 컵(235ml)

지도

빵 껍질

7 x 3 인치(18 x 6cm) 스프링폼 팬의 바닥과 측면에 달라붙지 않는 쿠킹 스프레이를 가볍게 뿌립니다.

스프링폼 팬의 바닥과 같은 크기의 양피지 원을 자릅니다. 팬 바닥에 양피지 원을 놓고 붙지 않는 스프레이를 추가로 가볍게 뿌립니다. 따로.

작은 그릇에 아몬드 가루, 소금, 황설탕을 함께 섞습니다. 녹인 버터를 넣고 서로 달라붙을 때까지 포크로 저어줍니다.

크러스트 혼합물을 준비된 팬에 붓습니다. 손가락으로 펴 바르고 꾹꾹 눌러 고르게 펴줍니다. 치즈 케이크 반죽을 만드는 동안 팬을 냉동실에 넣으십시오.

치즈 케잌

중간 크기의 믹싱 볼에 크림 치즈를 핸드 믹서로 저속으로 휘저어 부드러워질 때까지 젓습니다. 작은 믹싱 볼에 옥수수 전분, 알갱이 설탕, 소금을 섞습니다. 크림 치즈에 설탕 혼합물의 절반을 넣고 섞일 때까지 치십시오. 주걱으로 그릇의 측면을 긁어냅니다. 남은 설탕 혼합물을 넣고 섞일 때까지 치십시오. 크림 치즈 혼합물에 사워 크림과 바닐라 및 아몬드 추출물을 추가합니다. 그냥 모일 때까지 치십시오.

계란을 한 번에 하나씩 추가하고 각 추가 후 그릇을 잘 긁어냅니다. 과도하게 혼합하지 마십시오.
냉동실에서 빵 껍질을 제거하십시오. 팬 바닥을 알루미늄 호일로 단단히 감싸서 누출을 방지합니다. 크러스트 위에 크림치즈 반죽을 붓는다. 조리대를 가볍게 두드려 기포를 제거합니다.
압력솥 내솥에 찬물을 붓습니다. 냄비에 삼발이를 놓습니다. 호일 슬링을 사용하여 삼발이 위에 치즈 케이크 팬을 조심스럽게 놓습니다. 팬이 물에 닿지 않도록 하십시오. 뚜껑을 닫고 잠그고 증기 방출 손잡이가 밀봉 위치에 있는지 확인합니다. 40 분 동안 고압으로 조리합니다. 완료되면 방출 손잡이를 환기 위치로 돌리고 증기를 방출하여 빠른 방출 지침을 사용하십시오. 플로트 핀이 떨어지면 뚜껑의 잠금을 해제하고 조심스럽게 엽니다. 응결을 흡수하기 위해 종이 타월로 치즈 케이크의 표면을 부드럽게 닦으십시오.
치즈케이크를 조심스럽게 꺼내 식힘망에 올려 식힙니다.
치즈케이크가 완전히 식으면 냉장고에 6~8 시간 또는 하룻밤 넣어둡니다. 서빙할 준비가 되면 냉장고에서 치즈케이크를 꺼냅니다. 스프링폼 팬의 측면을 풀고 양피지와 빵 껍질 사이에 얇은 칼을 넣은 다음 서빙 접시에 조심스럽게 밀어 넣습니다.

수율: 7 인치(18cm) 치즈케이크 1 개

87. 건포도를 곁들인 라이스 푸딩

재료

건포도 1 컵(150g)

우유 5 컵(1175ml)

끓는 물 1 컵(235ml)

계란 2 개

아르보리오 쌀 270g(11/2 컵)

하프 앤 하프 1 컵(235ml)

설탕 3/4 컵(144g)

바닐라 추출물 2 티스푼(10ml)

소금 1/2 작은술

지도

중간 그릇에 건포도와 끓는 물을 섞습니다. 건포도가 통통해지도록 뚜껑을 덮고 30 분 동안 따로 둡니다.

전기 압력솥 내솥에 쌀, 설탕, 소금, 우유를 넣고 섞습니다. Sauté 또는 Browning 을 누르고 설탕이 녹을 때까지 계속 저으면서 끓입니다. 혼합물이 끓으면 취소를 누른 다음 뚜껑을 닫고 잠그고 증기 방출 손잡이가 밀봉 위치에 있는지 확인합니다.

약한 압력으로 15 분간 조리합니다. 밥이 다 되면 10 분간 자연압을 가해 줍니다. 10 분 후 손잡이를 환기 위치로 돌려 남아 있는 증기를 방출합니다.

플로트 핀이 떨어지면 뚜껑의 잠금을 해제하고 조심스럽게 엽니다.

취소를 누릅니다.

밥이 식는 동안 계란, 하프 앤 하프, 바닐라를 중간 크기의 그릇에 넣고 휘젓습니다. 혼합물을 밥이 담긴 냄비에 조심스럽게 붓습니다. 섞어서 섞는다. 압력솥을 다시 켜고 Sauté 또는 Browning 을 선택합니다. 밥이 끓기 시작할 때까지 저어주세요.

밥이 뜨거우면 불린 물에서 건포도를 건져내어 냄비에 넣습니다. 즉시 서빙하거나 큰 서빙 접시에 부어 식힙니다. 푸딩은 식으면서 걸쭉해지기 때문에 차갑게 드시려면 반나절을 조금 추가하는 것이 좋습니다.

수율: 6 인분

88. 개별 크림 치즈 케이크

재료

껍질을 위해

간 쇼트브레드 쿠키 11/4 컵(125g)

흑설탕 11/2 티스푼

녹인 무염 버터 2 테이블스푼(28g) 소금 한 꼬집

치즈 케이크

실온의 크림 치즈 227g(8 온스)

옥수수 전분 1 큰술(8g)

그래뉴당 65g(1/3 컵)

소금 한 꼬집

키 라임 주스 1 테이블스푼(15ml)

상온에 있는 사워크림 60g(1/4 컵)

바닐라 익스트랙 1 티스푼

잘게 간 키 라임 제스트 1 테이블스푼(6g)과 장식용으로 추가

상온의 큰 달걀 1 개 물 11/2 컵(355ml) 장식용 휘핑크림

빵 껍질

들러붙지 않는 쿠킹 스프레이를 4 온스(115g) 유리병 6 개 내부에 가볍게 뿌립니다. 작은 그릇에 부순 쿠키, 흑설탕, 버터, 소금을 함께 섞습니다. 메이슨 병에 쿠키 혼합물을 고르게 나눕니다. 컵 바닥에 쿠키 크러스트를 부드럽게 누르십시오.

치즈 케익

중간 크기의 믹싱 볼에 크림 치즈를 핸드 믹서로 저속으로 휘저어 부드러워질 때까지 젓습니다. 작은 믹싱 볼에 옥수수 전분, 알갱이 설탕, 소금을 섞습니다. 크림 치즈에 설탕 혼합물을 넣고 섞일 때까지 치십시오. 주걱으로 그릇의 측면을 긁어냅니다.

크림 치즈 혼합물에 라임 주스, 사워크림, 바닐라, 라임 제스트를 추가합니다. 그냥 모일 때까지 치십시오. 계란을 추가하십시오; 그냥 섞일 때까지 저어주세요. 과도하게 혼합하지 마십시오.

병에 치즈 케이크 반죽을 똑같이 나눕니다. 용기를 카운터에 가볍게 두드려 큰 기포를 제거합니다.

내솥 바닥에 물을 추가합니다.

냄비 안에 삼발이를 놓습니다. 채운 항아리를 삼발이 위에 놓고 항아리의 측면이 서로 닿거나 냄비의 측면에 닿지 않도록 주의합니다. 가장자리에 5 개를 넣을 수 있어야 하고

가운데에 1 개의 병을 위한 공간이 있어야 합니다. 모든 병 위에 큰 호일 조각을 가볍게 놓습니다.
뚜껑을 닫고 잠그고 증기 방출 손잡이가 밀봉 위치에 있는지 확인합니다. 4 분간 고압으로 조리합니다. 조리 시간이 끝나면 10 분 동안 자연 방출되도록 한 다음 손잡이를 배기 위치로 이동하고 남은 증기를 방출합니다. 플로트 핀이 떨어지면 뚜껑의 잠금을 해제하고 조심스럽게 엽니다. 취소를 누릅니다.
호일을 제거하고 종이 타월로 부드럽게 닦아 치즈 케이크 표면의 응결을 흡수합니다.
치즈케이크는 냄비 안에서 30 분간 식힌 후 식힘망에 옮겨 상온이 될 때까지 식힙니다.
치즈케이크를 플라스틱 랩으로 덮고 냉장고에 최소 6~8 시간 동안, 가급적이면 하룻밤 동안 두십시오.
휘핑 크림과 추가 라임 제스트를 곁들여 서빙합니다.

수율: 개별 치즈케이크 6 개

89. [illegible] 시피소스

재료

속을 제거하고 4 등분한 각종 사과 4kg(3 파운드)

꿀 1 테이블스푼(20g)

물 1/4 컵(60ml)

계피 가루 11/2 큰술(10g)

육두구 가루 1/4 작은술

계피 스틱 2 개

지도

전기압력밥솥 내솥에 모든 재료를 담아주세요.

뚜껑을 닫고 잠그고 증기 방출 손잡이가 밀봉 위치에 있는지 확인합니다. 5 분간 고압으로 조리합니다. 조리 시간이 끝나면 완전히 자연적으로 풀어줍니다.

계피 스틱을 제거하십시오. 담금 블렌더를 사용하여 사과를 원하는 농도로 퓌레로 만듭니다. 침지형 블렌더가 없으면 푸드 프로세서나 조리대용 블렌더를 사용할 수 있습니다. 사과 소스가 꽤 뜨거울 수 있으므로 여러 번에 걸쳐 블렌딩해야 합니다!

식히고 봉사하십시오!

산출량: 8 컵(1960g)

90. 더블 초콜릿 퍼지 치즈케이크

재료

껍질을 위해

1(1 온스 또는 171g) 박스 초콜릿 쿠키
그래뉴당 1 테이블스푼(12g)
소금 1/4 티스푼
녹인 무염 버터 2 테이블스푼(28g)

치즈 케이크

살짝 달콤한 초콜릿 칩 11/4 컵(219g)
실온의 크림 치즈 454g(1 파운드)
그래뉴당 144g(3/4 컵)
상온에 있는 큰 계란 3 개
사워크림 60g(1/4 컵)
바닐라 추출물 2 티스푼(10ml)
물 355ml(11/2 컵)
제과용 설탕, 더스팅용

지도

빵 껍질

7 x 3 인치(18 x 6cm) 스프링폼 팬에 들러붙지 않는 쿠킹 스프레이를 뿌립니다. 팬 바닥과 같은 크기의 양피지 원을 잘라 팬 안에 넣습니다. 양피지를 뿌립니다. 따로, 쿠키를 푸드 프로세서 그릇에 넣고 거친 모래처럼 될 때까지 펄싱합니다. 쿠키 부스러기를 중간 그릇에 붓고 설탕과 소금을 넣습니다. 섞어서 섞는다. 녹인 버터를 넣고 혼합물이 서로 달라붙을 때까지 저어줍니다.

준비된 팬의 바닥에 부스러기를 고르게 부드럽게 누르십시오. 손가락이나 평평한 바닥 유리를 사용하여 크러스트를 제자리에 누르십시오. 필링을 만드는 동안 크러스트를 냉동실에 넣어두세요.

치즈 케익

전자레인지에 사용할 수 있는 중간 크기의 그릇에 초콜렛 칩을 강력하게 녹이고 30 초마다 저어주어 매끄럽고 완전히 녹습니다. 약간 식히십시오.

스탠드 믹서의 그릇에 크림 치즈가 부드러워질 때까지 치십시오. 그래뉴당 3/4 컵(144g)을 넣고 계속 휘핑합니다. 계란을 한 번에 하나씩 추가하고 1 분 동안 휘젓고 추가할 때마다 그릇의 측면을 긁어냅니다. 완전히 섞일 때까지 사워 크림과 바닐라를 치십시오.

믹서를 저속으로 돌리면서 식힌 녹인 초콜릿을 천천히 넣습니다. 완전히 섞는다.
준비된 크러스트에 충전물을 붓습니다.
카운터 위의 접시를 두드려 기포를 제거합니다.
압력솥 내솥 바닥에 삼발이를 놓고 물을 붓습니다.
스프링폼 팬의 바닥을 알루미늄 호일로 단단히 감쌉니다. 달라붙지 않는 쿠킹 스프레이를 호일 조각에 살짝 뿌리고 (뿌린 면이 아래로 향하게) 치즈케이크 위에 놓습니다. 호일 슬링을 사용하여 냄비를 삼발이 위에 내립니다.
뚜껑을 닫고 잠그고 증기 방출 손잡이가 밀봉 위치에 있는지 확인합니다. 56 분간 고압으로 조리합니다. 작업이 완료되면 릴리스 손잡이를 벤팅 위치로 돌려 모든 스팀을 방출하여 퀵 릴리스를 사용하십시오. 플로트 핀이 떨어지면 뚜껑의 잠금을 해제하고 조심스럽게 엽니다. 취소를 누릅니다.
호일 슬링을 사용하여 치즈 케이크를 와이어 냉각 랙으로 조심스럽게 옮깁니다. 1 시간 후, 호일을 제거하고 얇은 칼로 치즈케이크 가장자리를 돌려 팬에서 떼어냅니다.
플라스틱 랩으로 덮고 완전히 굳을 때까지 최소 8 시간 또는 밤새 냉장 보관합니다.
8 등분으로 잘라 설탕을 듬뿍 뿌린다.

수율: 8 조각

91. 멕시칸 초콜릿 파운드 케이크

재료

물 355ml(11/2 컵)

다목적 글루텐 프리 11/3 컵(160g)

1 컵(175g) 살짝 달콤한 초콜릿 가루 혼합

칩, 분할

베이킹 소다 1/2 티스푼

부드러워진 무염 버터 56g(1/4 컵)

계피 가루 1 테이블스푼(7g)

설탕 1 컵(192g) 소금 1/4 티스푼

상온에 있는 큰 달걀 2 개

나누어진 버터밀크 1/2 컵(120ml)

초콜릿 시럽 1/3 컵(80ml)

헤비 크림 2 테이블스푼(30ml)

글루텐 프리 바닐라 추출물 1 테이블스푼(15ml)

지도

압력솥 내솥에 물을 붓습니다. 냄비에 삼발이를 추가하십시오. 7 x 3 인치(18 x 6cm) 스프링폼 팬에 들러붙지 않는 쿠킹 스프레이를 뿌립니다. 따로.

전자레인지용 그릇에 초콜릿 칩 2/3 컵(115g)을 넣습니다. 초콜렛이 녹고 매끄러워질 때까지 매번 잘 저어주면서 30 초 간격으로 고출력 전자레인지에 돌립니다. 따로.

스탠드 믹서의 볼에서 버터와 설탕을 6 분 동안 또는 혼합물이 가볍고 푹신해질 때까지 휘젓습니다. 계란을 한 번에 하나씩 추가하고 매번 추가할 때마다 잘 젓습니다. 초콜릿 시럽, 바닐라, 녹인 초콜릿 칩을 넣고 잘 섞일 때까지 치십시오.

중간 그릇에 밀가루 블렌드, 베이킹 소다, 계피, 소금을 함께 휘젓습니다. 믹서를 저속으로 사용하여 밀가루 혼합물의 절반을 초콜릿 반죽에 넣고 잘 섞습니다. 버터밀크 1/4 컵(60ml)을 넣고 섞습니다. 남은 밀가루 혼합물과 나머지 버터밀크를 넣고 혼합물이 완전히 섞일 때까지 저속으로 계속 휘젓습니다.

준비된 팬에 반죽을 붓습니다. 달라붙지 않는 요리용 스프레이를 알루미늄 호일 조각의 한 면에 뿌리고 케이크를 덮고(뿌린 면이 아래로 향하도록) 가장자리를 압착하여 밀봉합니다. 호일 슬링을 사용하여 압력솥의 삼발이 위에 케이크를 내립니다.

뚜껑을 닫고 잠그고 증기 방출 손잡이가 밀봉 위치에 있는지 확인합니다. 55 분 동안 고압으로 조리합니다. 조리 시간이 끝나면 10 분 동안 자연 방출되도록 한 다음 손잡이를 환기 위치로 돌려 남아 있는 증기를 방출합니다. 플로트 핀이 떨어지면 뚜껑의 잠금을 해제하고 조심스럽게 엽니다.
호일 슬링을 사용하여 냄비에서 케이크를 들어 올려 와이어 냉각 랙에 놓습니다.
상단에서 호일을 제거하고 케이크를 10 분 동안 식힙니다. 좁은 주걱이나 날씬한 칼을 사용하여 팬 측면에서 케이크를 부드럽게 풀고 식힘망에 뒤집습니다. 완전히 식히십시오.
케이크가 식은 후 글레이즈를 만듭니다. 남은 초콜릿 칩 1/3 컵(60g)을 전자레인지용 그릇에 담아 고출력으로 2 분간 전자레인지에 돌립니다. 매 30 초마다 저으면서 부드러워질 때까지 젓습니다. 헤비 크림을 넣고 전자레인지에 추가로 15 초 동안 또는 완전히 따뜻해질 때까지 돌립니다. 부드럽고 광택이 날 때까지 저어줍니다. 케이크 위에 글레이즈를 뿌립니다. 서빙하기 전에 글레이즈가 굳도록 케이크를 추가로 30 분에서 1 시간 동안 그대로 둡니다.

수율: 8 인분

92. 초콜릿 오렌지& 올리브 오일nmini 용암케이크

라바 케이크 1 인분

재료

다용도 밀가루 4 큰술(60mL)
시즈닝(오렌지 제스트) $\frac{1}{4}$ 티스푼(1mL)
설탕 4 큰술(60mL)
소금 1 꼬집
쓴 코코아 가루 1 큰술(15mL) 베이킹 파우더 $\frac{1}{2}$ 작은술(3mL)
중간 계란 1 개
우유 4 테이블스푼(60mL)
엑스트라 버진 올리브 오일 2 큰술(30mL)

압력솥에 물 한 컵을 채우고 찜통(또는 찜통과 삼발이)을 준비하고 따로 둡니다.
컵의 안쪽에 올리브 오일을 위쪽 가장자리까지 바르고 따로 둡니다.
계량컵에 밀가루, 오렌지 제스트(또는 선호하는 시즈닝), 설탕, 코코아 소금, 베이킹파우더를 넣고 포크로 섞습니다. 그런 다음 계란, 우유, 올리브 오일을 넣고 균일한 미니 케이크 반죽이 될 때까지 힘차게 섞습니다. 머그잔에 붓습니다. (다른 사이트의 모든 개별 단계)
덮지 않은 컵을 압력솥에 넣습니다. 두 개 이상의 컵을 만드는 경우 압력솥 내부에 닿지 않고 모두 일직선이 되도록 배열하십시오.
압력솥 뚜껑을 닫고 잠그고 불을 센 불로 돌립니다. 팬이 압력에 도달하면 열을 약하게 설정하고 고압에서 10-15 분의 조리 시간을 계산합니다(가운데가 케이크처럼 끈적거리고 끈적거리는 가운데를 위해 덜 익히고 단단한 케이크 일관성을 위해 더 많이 조리합니다).
시간이 다되면 압력을 해제하십시오.
윗부분을 열고 오븐 장갑을 낀 손으로 냄비에서 꺼내 즉시 티스푼과 함께 접시에 올려 끈적끈적한 가운데 부분을 제거합니다. 계속 익을 것이므로 그대로 두면 내부가 굳을 것입니다.

93. 파를타 라이스 푸딩

The picture can't be displayed.

8 인분

재료

아르보리오 쌀 1 컵(250mL)

물 375mL(1 $\frac{1}{2}$ 컵)

코코넛 오일 1 큰술(15mL)

소금 $\frac{1}{4}$ 티스푼(1mL)

1(14oz) 코코넛 밀크 캔

설탕 $\frac{1}{2}$ 컵(125mL)

계란 2 개

우유 $\frac{1}{2}$ 컵(125mL)

바닐라 추출물 $\frac{1}{2}$ 티스푼(3mL)

파인애플 통조림 1(8oz)을 으깨서 물기를 잘 빼고 반으로 자른 것

인스턴트팟에 쌀, 물, 기름, 소금을 넣고 섞습니다. 뚜껑을 제자리에 잠그고 고압 및 3 분 조리 시간을 선택합니다.

삐 소리가 나면 압력솥을 끄고 10 분간 자연압력 해제를 해주세요. 10 분 후 빠른 압력 해제로 남아 있는 압력을 해제합니다.

압력 요리 냄비에 쌀에 코코넛 밀크와 설탕을 넣으십시오. 섞어서 섞는다.

작은 믹싱 볼에 계란과 우유, 바닐라를 섞습니다. 미세한 망사 여과기를 통해 압력솥에 붓습니다.

소테를 선택하고 혼합물이 끓기 시작할 때까지 계속 저어가며 요리합니다. 압력솥을 끕니다. 파인애플 맛있는 음식을 저어주세요.

서빙 접시에 붓고 식힙니다. 푸딩은 식으면서 걸쭉해집니다.

원하는 경우 휘핑 크림, 구운 코코넛, 마라스키노 체리를 얹어 제공합니다. 즐기다!

94. 크렘 브륄레

6-10 인분

재료

생크림 2 컵(500mL)

계란 노른자 6 개

백설탕 5 큰술(75mL)

계피 스틱 1 개 또는 계피 가루 1tps(5mL)

제스트한 오렌지 1 개

장식용:

육두구 약간

캐러멜화용 생(데마라라) 설탕 4 테이블스푼(60mL)

작은 냄비에 크림, 시트러스 제스트, 시나몬 스틱을 약한 불로 데우고 가끔 저어줍니다.
크림이 끓기 시작하면(거품) 불을 끄고 재료가 스며들도록 둡니다(약 30 분).
그동안 물 2 컵과 찜통을 넣어 압력솥을 준비하세요. 따로,
믹싱볼에 달걀 노른자와 설탕을 넣고 설탕이 녹을 때까지 휘젓는다.
그런 다음 크림이 실온으로 식으면(손가락을 넣었을 때 뜨겁지도 차갑지도 않아야 함)
노른자를 넣고 잘 섞이도록 거품기로 저어줍니다(휘핑하지 않음).
다음으로 혼합물을 스트레이너를 통해 주둥이가 있는 용기에 천천히 붓습니다(있는 경우 혼합물을 컵이나 라미킨에 쉽게 붓습니다).
혼합물을 라미킨에 붓고 호일로 단단히 덮고 찜기 바구니에 모두 똑바로 놓이도록 배열합니다(그렇지 않으면 대각선 크레마가 비뚤어집니다).
여전히 수직 공간과 여분의 컵이 있는 경우 추가 컵을 두 번째 레이어 위에 쌓을 수 있습니다.
압력솥을 닫고 잠급니다. 열을 최대로 높이고 라미킨의 경우 8 분 조리 시간을 계산하고 낮은 압력에서 에스프레소 컵의 경우 5 분 조리 시간을 계산합니다(시간은 사용하는 라미킨의 크기와 재료에 따라 다름).
시간이 다 되면 Natural Release 지침을 사용하여 압력솥을 엽니다. 밥솥을 차가운 버너로 옮기고 아무것도 하지 마십시오. 압력이 자연스럽게 떨어질 때까지 기다립니다(약 10 분). 전기 압력 밥솥의 경우 밥솥을 취소하거나 플러그를 뽑아 "보온" 주기를 해제하고 10 분을 센 다음 밸브를 사용하여 나머지 36 압력을 해제하십시오.

압력솥을 열고 커스터드를 조심스럽게 꺼냅니다. 첫 번째를 열고 약간 흔들립니다. 그것은 거의 고체여야 하지만 액체는 아닙니다(이것은 그들이 굳었다는 것을 의미합니다). 냉각되면 더 굳을 것입니다. 여전히 물기가 많은 경우 위에 언급된 것과 동일한 개봉 절차로 추가 **5** 분 동안 압력 조리를 합니다.

1 커스터드를 제거하고 약 **30-45** 분 동안 뚜껑을 덮지 않고 식힙니다.

1 커스터드가 식으면 비닐 랩으로 덮고 냉장고에 넣어 **3-4** 시간 또는 밤새 식힙니다.

서빙하기 전에 냉장고에서 커스터드를 꺼내고 약간의 육두구를 갈아서 커스터드 상단에 얇고 고른 설탕 층을 뿌립니다.

그런 다음 요리 용 토치로 설탕을 녹이거나 오븐의 브로일러 아래로 밀어 설탕을 녹이고 캐러멜 화하십시오.

95. 라즈베리 치즈케이크

8 인분

재료

으깬 오레오 쿠키 부스러기 1 컵(250mL)(오레오 12 개)

녹인 버터 2 큰술(30mL)

충전재:

크림 치즈 16 온스(실온) 설탕 ¼ 컵(50mL)

씨 없는 라즈베리 잼 ½ 컵(125mL) 사워크림 ¼ 컵(50mL)

다목적 밀가루 1 큰술(15mL)

계란 2 개(상온) 토핑:

잘게 썬 밀크 초콜릿 3/4 컵(6 온스)

생크림 75mL(⅓컵) 장식용 신선한 라즈베리

들러붙지 않는 스프레이로 코팅하여 7 인치 스프링폼 팬을 준비합니다. 원하는 경우 양피지로 줄을 긋습니다.

작은 그릇에 오레오 쿠키 부스러기와 버터를 섞습니다. 바닥에 고르게 펴고 팬 측면에서 1 인치 위로 펼칩니다. 냉동실에 10 분간 넣어둡니다.

믹싱볼에 크림치즈와 설탕을 중간 속도로 섞어 부드러워질 때까지 섞습니다. 잼, 사워크림, 밀가루를 섞습니다.

섞일 때까지 한 번에 하나씩 계란을 섞습니다. 과도하게 혼합하지 마십시오. 크러스트 위에 스프링폼 팬에 반죽을 붓습니다.

압력솥에 물 1 컵을 붓고 바닥에 삼발이를 깔아줍니다. 채워진 팬을 호일 슬링의 중앙에 조심스럽게 놓고 압력솥으로 내립니다. 뚜껑을 닫는 데 방해가 되지 않도록 호일 슬링을 아래로 접습니다.

뚜껑을 제자리에 잠급니다. 고압을 선택하고 타이머를 25 분으로 설정합니다. 삐 소리가 나면 압력솥을 끕니다. 10 분 동안 자연 압력 해제를 사용한 다음 빠른 압력 해제를 수행하여 남아 있는 압력을 해제합니다. 밸브가 떨어지면 조심스럽게 뚜껑을 제거하십시오.

치즈케이크를 꺼내어 치즈케이크 가운데가 굳었는지 확인합니다. 그렇지 않다면 치즈케이크를 5 분 더 익힌다. 페이퍼 타올 모서리를 사용하여 치즈케이크 위에 물을 흡수합니다.

냉각을 위해 스프링폼 팬을 와이어 랙으로 제거합니다. 치즈케이크가 식으면 랩을 씌워 최소 4 시간 또는 하룻밤 동안 냉장 보관합니다.

치즈케이크가 식으면 토핑을 준비합니다.

토핑 준비

초콜릿의 절반을 믹싱볼에 넣습니다. 헤비 크림이 끓을 때까지 중불에서 가열합니다. 열에서 제거하고 즉시 초콜릿 위에 크림을 붓고 초콜릿이 완전히 녹을 때까지 저어줍니다.

남은 초콜릿을 넣고 초콜릿이 완전히 녹을 때까지 저어줍니다. 가나슈가 걸쭉해지지만 치즈케이크 옆면으로 흘러내릴 정도로 얇아질 때까지 식힙니다.

치즈케이크 위에 초콜릿 가나슈를 숟가락으로 떠서 가장자리로 펴 바르고 가나슈가 옆으로 떨어지게 합니다. 라스베리로 상단을 장식하십시오. 봉사할 준비가 될 때까지 냉장 보관하십시오.

96. 레드와인 조림배

배 6 개 제공

재료
껍질을 벗긴 단단한 배 6 개
적포도주 1 병 - 건조하고 시큼하며 탄닌이 있는 적포도주(예: Sangiovese 또는 Barbaresco)
월계수 잎 1 장
정향 4 개(향신료)
계피 스틱 1 개 또는 1 티스푼(5mL)
생강 1 티스푼(5mL) 또는 신선한 생강 1 조각
설탕 2 컵(500mL)
장식용 허브 1 다발, 세이지, 민트, 오레가노 또는 바질(선택 사항)

배는 껍질을 벗기고 줄기는 붙인 채로 둡니다. 압력솥에 와인 한 병을 붓습니다.
월계수 잎, 정향, 계피, 생강, 설탕을 넣습니다. 잘 섞어서 녹입니다.
압력솥에 배를 넣고 뚜껑을 닫고 잠급니다.
불을 높게 켜고 팬이 압력에 도달하면 불을 최소로 낮추고 고압에서 5-7 분 조리 시간을 계산하기 시작합니다.
시간이 다 되면 자연 방출 방향으로 압력솥을 엽니다. 버너에서 밥솥을 옮기고 압력이 저절로 내려갈 때까지 기다립니다(약 10 분). 조리 시간이 다 되면 자연 개방 시간은 10 분입니다. 그런 다음 밸브를 사용하여 나머지 압력을 천천히 배출하십시오.
집게 또는 숟가락 두 개를 사용하여 조심스럽게 배를 꺼냅니다.
배를 옆으로 치우고 뚜껑을 덮지 않은 상태로 압력솥을 다시 불에 올려 조리액을 원래 양의 1/3 로 줄입니다.
배에 시럽을 뿌리고 허브로 장식한 다음 실온 또는 차갑게 제공합니다.
미리 만든 경우 요리용 액체 시럽에 배를 냉장 보관합니다.

97. 리몬첼로 리코타 치즈케이크 인어자

4 인분

재료

비스코티 125g(4oz)
무염 버터 2 큰술(30mL)(반은 녹이고 반은 부드러워짐)
간 레몬 껍질 2 큰술(30mL)
물기를 제거한 리코타 치즈 170g(실온)
크림 치즈 225g(8oz)(실온)
설탕 ⅓컵(75mL)
리몬셀로 리큐어(또는 레몬 주스) $\frac{1}{4}$ 컵(50mL)
바닐라 추출물 1 큰술(15mL)(또는 바닐린 1 봉지)
큰 달걀 2 개, 풀어서 준비(실온)
장식용 헤이즐넛 초콜릿 바 1 개

계란, 리코타 치즈, 크림 치즈를 냉장고에서 꺼내 상온에 두는 것으로 생각하기 한 시간 전에 레시피를 시작하세요.

물 2 컵을 추가하여 압력솥을 준비하고 찜기 바구니 삽입물을 따로 둡니다.

그런 다음 부드럽게 한 사각형의 버터를 잡고 병이나 내열 접시의 바닥과 가장자리를 문질러 따로 보관합니다.

작은 팬에 버터를 녹입니다. 다지기에서 비스코티를 잘게 부수고 녹인 버터를 부은 다음 마지막으로 다시 혼합하여 섞습니다.

손가락이나 숟가락으로 부스러기를 병 바닥에 대고 $\frac{1}{4}$ 인치 또는 $\frac{1}{2}$cm 보다 두껍지 않은 층으로 팬 또는 형성합니다.

다음 단계로 이동하는 동안 크러스트를 굳히기 위해 항아리를 냉장고에 넣으십시오.

핸드 블렌더가 있는 믹싱 볼에서 또는 격렬하게 저어주는 포크로 리코타 치즈를 부수고 섞습니다. 크림치즈와 설탕을 넣습니다. 리몬첼로, 바닐라, 레몬 제스트를 한 번에 조금씩 추가합니다. 모든 재료가 섞이면 풀어놓은 계란을 넣어줍니다. 결과는 매우 묽은 팬케이크 반죽의 일관성이 될 것입니다.

냉장고에서 병을 꺼내 치즈 혼합물을 크러스트 위에 조심스럽게 붓습니다. 수프 국자에 수프 국자를 넣으면 흘러내림이 줄어듭니다.

항아리를 은박지로 단단히 덮고 압력솥에 내립니다.

압력솥의 뚜껑을 닫고 잠급니다. 열을 최대로 높이고 밥솥이 압력에 도달하면 밥솥이 압력을 유지하는 데 필요한 최소 수준까지 열을 낮춥니다. 고압에서 15~20 분간 조리합니다.

결론

은 믿을 수 없을 정도로 다재다능한 기기이지만 다소 위협적일 수도 있습니다. 이 전기 압력솥 요리책을 참조하여 요리를 줄이고 전문가처럼 끓이고, 끓이고, 천천히 요리하고, 볶을 수 있는 쉽고 맛있는 요리법을 안내해 드립니다.

Milton Keynes UK
Ingram Content Group UK Ltd.
UKHW051946070823
426447UK00015BA/960

9 781835 319413